이윤기의
그리스
로마 신화

II

이윤기의
그리스 로마 신화

사랑의 테마로 읽는 신화의 12가지 열쇠

II

이윤기 지음

GREEK AND ROMAN MYTHOLOGY

웅진 지식하우스

240만 독자들의 선택, 이 시대 최고의 베스트셀러
『이윤기의 그리스 로마 신화』
출간 25주년 기념 개정판

"신화의 바다를 향해 처음 닻을 올린 모험가들에게 색다른 길잡이가 될 것이다."
— 김현진 (서울대 영문학과 교수)

"나는 이윤기의 언어를 통해서 문장 속 인물들이 몽롱함을 벗고 최고도의 활력을 누리게 하는 글이 얼마나 독자를 즐겁게 하는지 깨달았다."
— 황현산 (문학평론가)

"신화가 단순히 허구가 아니라 의미 있는 세계관이라는 사실을 일깨운 이. 덕분에 우리 뒤 세대들은 어린 시절부터 그리스 로마 신화를 배우며 성장했다."
— 이주향 (수원대 철학과 교수)

이윤기 소설가 · 번역가 · 신화전문가

"여러분은 지금
신화라는 이름의 자전거 타기를
배우고 있다고 생각하라.
일단 자전거에 올라
페달을 밟기 바란다.
필자가 뒤에서
짐받이를 잡고 따라가겠다."

이 책에 쏟아진 독자들의 찬사

"가장 친근하고, 읽기 쉬운 그리스 로마 신화 책."

"이윤기 선생이 들려주는 신화는 사람 이야기였습니다.
어린 시절 할머니, 어머니가 읊조려주는 듯 나른한 즐거움."

"서양 문화를 한층 깊이 이해하는 데 도움이 된 책.
진작 읽어야 했다는 아쉬움이 든다."

"오래전부터 그리스 로마 신화를 꼭 읽어야지 했는데
이 시리즈 덕분에 해냈어요!"

"이 책은 나의 편협하고 엉성한 지식들을
부드럽고 짜임새 있는 모양으로 잡아주었다."

"그리스 로마 신화에 관련된 책들이 너무나 다양해서
어떤 것부터 읽어야 될지 고민할 때, 이 책이 정답이 될 것입니다."

"『이윤기의 그리스 로마 신화 1』을 처음 읽었을 때의 충격을 지금도 잊을 수 없다.
'신화를 이렇게 해석할 수도 있구나', 색다른 관점을 배웠다."

"간직하고 두고두고 보고 싶은 책! 언젠가 다시 읽어봐야지 생각했어요."

"저자의 독특한 그리스 로마 신화 해석이 돋보입니다."

"이윤기 선생님과 함께한 신화 여행, 너무 행복한 10년이었다.
신화의 꿈을 꿀 수 있게 도와주셔서 고맙습니다."

차례

들어가는 말 잃어버린 '반쪽이'를 찾아서 9

1장 **이루어져서는 안 되는 사랑** 37

2장 **사랑해서는 안 되는 사람** 79

3장 **'도마뱀'을 잡아라** 125

4장 **레스보스섬 사람들** 141

5장 **오이디푸스, '너 자신을 알라!'** 151

6장 **엘렉트라, 피로써 피를 씻다** 203

7장 **사타구니로 무덤을 판 테레우스** 239

8장 나르키쏘스가 사랑한 상대 261

9장 코스모스를 위한 카오스 281

10장 로미오와 줄리엣의 원조 309

11장 코린토스의 빛과 그림자 327

12장 포모나, '때'를 잘 아는군요 337

나오는 말 달리지 않으면 넘어진다 351

찾아보기 355

일러두기

- 이 책에 등장하는 그리스 인명, 지명, 신 이름 등은 그리스어 발음대로 표기하였습니다.

들어가는 말
잃어버린 '반쪽이'를 찾아서

"그리스 로마 신화가 우리와 무슨 관계가 있나요?"

내가 자주 받는 질문이다. 내가, 그리스 로마 신화 읽는 것을 좋아하는 데 그치지 않고 그것을 풀어서 다시 쓰기를 좋아하기 때문일 것이다. 민족주의 쪽으로 가파른 기울기를 보이는 사람이 던질 경우, 이런 질문은 약간 공격적이기까지 하다. 이렇듯이 심하게 말하는 사람도 있다.

"우리의 단군 신화는 제대로 읽지도 못한 채 그리스와 로마의 신화를 무턱대고 읽어야 했던 어린 시절…… 지금 생각하면 너무나 억울해요. 우리는 그 따위 교육을 받고 살았어요."

"우리는 우리 신화부터 알아야 하지 않겠어요? 우리와는 아무 관계도 없는 남의 신화를 섬기는 태도, 강력한 문화의 뿌리가 되었다는 이유만으로 그 문화권의 신화를 섬기는 태도, 이것은 명백한 문화적 사대주의 아닌가요?"

그런 측면이 없지 않다. 그래서 위의 주장은 옳은 소리로 들린다.

하지만 옳은 주장인 동시에 그른 주장이기도 하다. 그 까닭을 설명해보자면 이렇다.

위의 인용문에 등장하는 '우리'는 모두 조선 민족으로서의 '우리'다. 그리스의 수많은 도시국가와 로마 제국을 구성하던 민족은 우리 조선 민족과는 당연히 다르다. 따라서 우리와는 아무 관계도 없는 것이 당연해 보인다.

그러나 내 생각은 조금 다르다. 내가 그리스와 로마 신화에 대한 관심의 끈을 놓지 않는 것은 그것이 '우리'와 무관한 것이 아니라는 생각 때문이다. 내가 말하는 '우리'는 조선 민족으로서의 '우리'라기보다는 인류의 한 갈래로서의 '우리', 보편적인 사람으로서의 '우리'에 가깝다. 내가 그리스 로마 신화에 관심을 기울이고 있는 것은 조선 민족으로서의 '우리'보다는 인류의 한 갈래로서의 '우리'에 관심이 있기 때문이다. 민족에 관한 한 우리는 그리스인과 다르고 아프리카인이나 인도인들과도 당연히 다르다. 하지만 인류의 한 갈래로서의 '우리'라고 할 때 그 '우리'는 몇 가지 기본적인 경험을 공유한다. 그 경험의 내용은 이런 것이다.

사람은 누구나, 영문도 모르는 채 어머니의 태를 열고 이 세상에 나온다. 한 사람의 탄생은 그 사람의 의지와 아무 관계도 없다. 자신의 의지와 아무 상관도 없이 이렇게 태어난 사람은, 자신을 이 세상에 나오게 한 사건의 배후에서 어떤 일이 일어났는지 처음에는 알지 못한다. 하지만 사람 한살이의 봄철에 해당하는 사춘기가 되면 비로소 자신의 근본을 생각하게 된다. 나는 누구인가? 나는 어디에서 왔는가?

　사춘기를 건너면서 사람은 본능의 목소리를 듣는다. 이때 나타나는 여러 가지 성적인 징후는 그 사람을 이 세상에 태어나게 한 사건의 배후에서 있었던 일, 즉 어머니와 아버지에게 일어났던 일을 짐작하는 데 필요한 실마리가 된다. 세월이 조금 더 지나면 사람은 어머니와 아버지 사이에서 일어났던 일을 되풀이함으로써 또 하나의 아기 사람으로 하여금 영문도 모르는 채 이 세상에 태어나게 한다. 그러고는 나이를 먹으면, 어머니와 아버지의 뒤를 이어 '죽음'의 경험을 되풀이한다. 이것은 사람이면 누구나 하는 경험이다. 이 공통된 경험의 굽이굽이에 잠복해 있는 많은 사건, 인류학자들이 '통과의례 rite of passage'라고 부르는 일련의 사건들, 이런 사건들을 어떤 일에 견주어가면서 설명하는 이야기, 나는 바로 이것이 바로 신화 중에서도 각별한 이름으로 불리는 '원형 신화'라고 생각한다.

　그리스와 로마의 신화는 조선 민족으로서의 '우리'와는 아무 관계도 없을 수 있다. 하지만 이 원형 신화에 관한 한 인류의 한 갈래로서의 '우리'와는 밀접한 관계가 있다.

　인류가 공유하는 경험 중 가장 절실한 것, 가장 보편적인 경험이 무엇이겠는가? 죽음의 경험이 그중 하나다. 사람은 누구나 때가 되면 죽을 팔자를 타고 이 세상에 태어난다. 사람으로 이 세상에 태어나는 한 죽음은 피할 수 없는 운명이다. 하지만 사람은 이 피할 수 없는 운명을 순순히 받아들이는 대신 끈질긴 심리적 저항을 시도하는 존재이기도 하다. 사람이 저희들 삶을 이상화해서, 영생불사하는 신들을 상정하는 것은 어쩌면 이 때문인지도 모른다. 신화는 바로 이 영생불사하는 신들과 때가 되면 죽어야 할 팔자를 타고나는 사람들 이야기, 그리고 신들과 사람 사이에 존재하는 신인神人, hero들 이야기다.

 성적인 경험 또한 인류가 공유하는 경험 중에서도 가장 절실하고도 보편적인 경험 중의 하나다. 이 세상 사람은 어느 누구가 되었든 하나도 예외 없이 성적 경험의 산물이다. 성적 경험의 산물이 아닌 사람은 이 세상에 존재하지 않는다. 이렇게 태어난 사람은 또 세대를 잇기 위한 성적 경험을 전제로 이 세상에 태어난 존재이기도 하다. 하지만 사람은 이 피할 수 없는 운명을 순순히 받아들이는 대신, 이 운명에 대한 끈질긴 심리적 저항을 시도하는 존재이기도 하다. 성직자들이 이따금씩 저항전의 승전보를 우리에게 전한다. 성직자는 영생불사하는 신들과 때가 되면 죽어야 하는 인간 사이에 존재한다. 성직자 일부는 성적 경험에서 자신을 격리시킨 존재, 성적 경험을 거부함으로써 사람으로서의 대물리기를 거절한 존재다. 영생 불사하는 신들과 때가 되면 죽어야 할 팔자를 타고 태어난 인간 사이에 존재하는 성직자가 사람으로서의 대물리기를 거절하는 것은 얼마나 놀라운 일인가? 성직자가, 신들이 누리는 영생의 은혜와 인간이 타고난 죽음의 팔자 사이에서 삶과 죽음을 동시에 연출하는 것은 얼마나 놀라운 일인가?
 하지만 여느 사람들에게 이 성적 경험은 여전히 보편적이다. 남성의 성적 경험을 가능하게 하는 성기는 우뚝 솟아 있다. 혹은 툭 튀어

나와 있다. 그래서 남성의 성기를 상징하는 모든 물건은 우뚝 솟아 있거나 툭 튀어나와 있다. 북한 사람들은 이것을 '덧살'이라는 재미있는 이름으로 부른단다. 여성의 성적 경험을 가능하게 하는 성기는 움푹 패어 있다. 쑥 들어가 있다. 그래서 여성의 성기를 상징하는 모든 물건은 푹 패어 있거나 쑥 들어가 있다. 북한 사람들은 이것을 '살홈'이라는 재미있는 이름으로 부른단다. 성기나 성교를 상징하는 몸짓은 세계 어느 나라나 거의 비슷하다. 솟게 하거나 나오게 하면 남성의 성기, 파이게 하거나 들어가게 하면 여성 성기, 이 둘을 결합시키는 시늉은 성적 합일의 상징이다.

 그런데 참으로 이상한 일도 다 있다. 사람을 이 세상에 태어나게 하는 이 거룩한 행위를 시늉하면 그것은, 상상 속에 머물 때나 겨우 용서받을 수 있는 험악한 욕이 되는 것은 얼마나 이상한 일인가? 욕지거리는 싸움의 빌미가 될 수 있고, 싸움의 궁극은 어느 한쪽의 죽음이다. 죽음에 이르게 할 수 있는 상스러운 욕지거리에 어머니같이 성스러운 존재의 생식기관이 동원되는 것은 또 얼마나 놀라운 일인가? 무의식과 신화를 즐겨 다루던 정신분석학의 창시자 지그문트 프로이트는 알베르트 아인슈타인에게 보낸 편지에서, 사랑의 충동인 에로스(사랑의 신)와 죽음의 충동인 타나토스(죽음의 신)는 둘이 아니고 하나라고 주장한 적이 있다. 그렇다면 신화라는 이름의 강은 이 하찮은 욕설의 심리학으로도 흘러들고 있다는 뜻일까? 성적 결합을 상징하는 욕 시늉은 세계 어느 민족의 경우나 비슷비슷하다. 말하자면 보편적인 것이다. 바로 이 보편성 때문에 몸짓으로 하는 욕 시늉은 지구 반대편에 갔다고 해서 마음 놓고 할 수 있는 것이 아니다.

그리스의 희극 작가 아리스토파네스에 따르면, 성적인 경험은 '잃어버린 반쪽이 찾기'를 전제로 한다. '잃어버린 반쪽이'와의 경험을 전제로 하지 않는 한, 성적인 욕구는 매우 불온한 것이다. 하지만 '잃어버린 반쪽이'와의 경험일 경우, 이 경험의 불온함은 '건강성'을 획득한다. 말하자면 '건강한 불온함', '불온한 건강성'이 된다. 결혼이라는 제도가 용인하는, 절도 있는 범위 안에서의 성적 욕구가 손가락질의 대상이 되지 않는 것은 이 때문이다.

그렇다면 '반쪽이'란 무엇인가? '반쪽이'를 찾는다는 것은 무엇인가? '나보다 나은 반쪽이 a better half'라는 말은 오늘날의 영어에서도 남편이나 아내를 가리키는 말로 쓰인다. 이 말을 처음으로 쓴 사람은 아리스토파네스다. 아리스토파네스는 소크라테스를 줄기차게 놀려먹은 것으로 유명하고, 다음과 같은 농담으로도 유명한 사람이다.

"인생살이, 그거 그렇게 어려운 거 아니야. 처음 백 년이 약간 어려운 것은 사실이지만……."

성과 '잃어버린 반쪽이'에 대한 아리스토파네스의 저 유명한 농담은 플라톤의 저서 『향연 Symposion』에 나온다. 읽기 쉽게 고쳐 쓰되 나의 의견은 괄호 안에다 보태겠다.

"……인간의 자연적인 상태 말인데요, 예전에는 지금 같지 않았어요. 지금이야 남성과 여성, 이렇게 두 가지 성이 있을 뿐이지만 처음에는 성이 세 가지 있었어요. 남성과 여성을 두루 가진 제3의 성, 즉 양성인兩性人이 있었던 것입니다. 지금은 이런 것이 없지만요. 다만 '안드로귀노스androgynos', 즉 '어지자지'(남성과 여성을 한 몸에 두루 가진 사람을 지칭하는 순수한 우리말)라는 명칭만 남아 지금은 남 욕할 때 욕말로나 쓰이지요.

옛날 사람들은 둥글었어요. 등도 둥글고, 옆구리도 둥글었지요. 팔 넷, 다리 넷, 귀 넷에 '거시기'도 둘이었답니다. 머리는 하나였지만 얼굴은 둘이었어요. 두 얼굴은 서로 반대 방향을 보고 있었지요. 걸을 때는 이들 역시 지금의 우리처럼 똑바로 서서 걸었답니다. 하지만 빨리 뛰고 싶을 때는 곡예사가 공중제비를 넘듯이, 여덟 개의 손발로 땅을 짚어가면서 아주 빠른 속도로 굴러갈 수 있었어요(공처

어지자지 헤르마프로디토스
남성과 여성을 두루 갖춘 양성인 헤르마프로디토스는 헤르메스와 아프로디테 사이에서 태어났다. '헤르마프로디토스Hermaphroditos'는 부모 이름의 합성어다. 파리 루브르 박물관.

럼 말이지요).

 사람의 모양이 이랬던 까닭은 남성은 해에서, 여성은 땅에서, 양성은 달에서 태어났기 때문이지요. 저들의 모양이 둥글둥글했고 걸음걸이 역시 둥글둥글했던 것은 저들이 부모를 닮았기 때문이랍니다 (고대 그리스인들은 태양과 지구와 달이 둥글둥글하다는 것을 알고 있었던 모양이다). 그런데 힘이 장사이고, 기운이 헌걸차고 야심이 대단했던 저들은 감히 신들의 세계를 공격했던 모양입니다. 호메로스는, 거인들이 신들의 궁전을 공격하기 위해 그리스에서 가장 높은 산인 오싸산을 들어 펠리온산에다 포갰다고 쓰지 않았어요? 사실은 저들을 말하는 것이지요.

 제우스는 신들의 회의를 소집했지요. 벼락으로 전멸시키자니 그때까지 받아먹은 제물이 아깝고, 그대로 두자니 신들에게 박박 기어오르는 게 눈꼴사나워서 못 보겠고…… 마침내 제우스의 머리에 멋진 아이디어가 떠오릅니다.

 '……저들을 살려두되 약골로 만들어버리면 우리들에게 기어오르지 못할 게 아니오? 저들을 반으로 쪼개버리는 게 좋겠어요. 그러면 우리를 섬기는 약골들이 갑절로 늘어날 게 아니겠어요?'

 이 말 끝에 제우스는 저들을 불러, 겨울철에 갈무리할 마가목 열매를 두 쪽으로 짜개듯이, 삶은 달걀의 껍데기를 벗기고는 머리카락으로써 두 토막으로 자르듯이 두 토막으로 갈라놓으며, 아폴론에게 명하여 (아폴론은 의술의 신이니까) 가르는 족족 가른 자리를 치료해주게 했습니다. ……반쪽이들이 다른 반쪽이들을 목마르게 그리워하

거인들의 멸망
16세기 화가 줄리오 로마노의 〈거인들(기간테스)의 멸망〉. 제우스는 거인들을 제압한 다음에야 올림포스의 으뜸 신이 된다. 거인들은 '신들의 궁전을 공격하기 위해 그리스에서 가장 높은 산인 오싸산을 들어 펠리온산에다 포갰다'고 한다.

고 다시 한 몸이 되려고 하는 것은 이 때문이지요. ……그러므로 반쪽이가 된 우리는 각각 옛날의 온전했던 한 인간의 부절符節입니다. ……그래서 사람마다 자기의 다른 반쪽이 부절을 목마르게 찾는 것이지요. 그런데 말이지요, 여성에서 갈려 나온 여성 반쪽이들은 남성에 대해 별로 관심이 없어요. 여성이면서도 여성을 좋아하는 여성 반쪽이들이 바로 이들이지요. 남성에서 갈려 나온 남성 반쪽이들은 다른 여성 반쪽이들에게 관심이 없어요. 남성이면서도 남성을 좋아하는 남성 반쪽이들이 바로 이들이지요. 양성인에서 갈려 나온 남성 반쪽이만 여성을 좋아하고요, 양성인에서 갈려 나온 여성 반쪽이만 남성을 좋아하지요…….'

아리스토파네스는, 사람이 '잃어버린 반쪽이'를 그리워하는 까닭을 진지하게 설명하고자 한 것이 아니다. 그는 희극작가인 만큼 농담한 것에 지나지 않는다. 하지만 그의 농담은, 이 이야기가 쓰이고부터 2천 5백 년이 지난 지금까지도 줄기차게 사람들 입에 오르내린다. 아리스토파네스의 농담에 등장하는 참으로 의미심장한 단어 '부절'은 뒤에, 이 글이 끝날 즈음에 다시 한 번 곱씹어보기로 한다.

인간아, 인간아

"그리스와 로마의 신화는 왜 윤리적이지 못한가요? 이런 점 때문에 아이들에게 읽히기가 겁나요."

내가 자주 받는 또 하나의 질문이다.

나는 대답한다. 윤리적이지 못하다.

이 질문은 이렇게 이어진다.

"시간의 신 크로노스는 아버지이자 하늘의 신인 우라노스의 성기를 잘라버리잖아요? 어떻게 아버지의 그걸 자를 수 있는 거죠? 이게 도덕적인가요? 아이들에게 읽히기가 싫어요."

나는 대답한다. 도덕적이지 못하군요.

"바람둥이 제우스는 안티오페에게 접근할 때는 들판의 신인 판Pan 으로, 레다에게 접근할 때는 백조로, 다나에에게 접근할 때는 황금 소나기로 둔갑했다면서요? 칼리스토에게 접근할 때는 딸 아르테미스로 둔갑했을 정도로 파렴치했다면서요?"

나는 대답한다. 적잖게 파렴치하군요.

"제우스는 비에 젖어 애처로운 뻐꾸기로 둔갑하고는 헤라에게 접근하잖아요? 헤라가 그 애처로운 뻐꾸기를 치마폭으로 감싸는 순간, 제우스는 본모습을 드러내고 헤라와 사랑을 나누잖아요? 제우스와

올림포스의 으뜸 신 제우스
제우스 신의 위용. 오른손에는 벼락 꾸러미를 움켜쥐고 있다.

들어가는 말

아버지 우라노스를 거세하는 크로노스
16세기 이탈리아 화가 조르조 바사리의 그림.

헤라는 오누이가 아닌가요? 이것은 비도덕적이죠. 제우스는, 헤라가 뻐꾸기를 불쌍하게 보는 순간을 이용한 셈인데, 이거, 신들 중에서도 으뜸 신이 한 짓으로는 너무나 비열하지 않은가요?"

나는 대답한다. 비열하군요.

성적 경험과 관련된 신화, 배우자를 찾는 신화, 잃어버린 '반쪽이'를 찾는 이야기에 관한 한, 신화는 도덕적이지 않을 때가 있다. 윤리적이지 못할 때가 있다. 신화가 전하는 이야기는 도덕이나 윤리가 지금의 모습으로 자리 잡히기 이전 이야기이기 때문이다. 신화는 어쩌면 도덕과 윤리가 진화한 역사를, 이야기 형식을 빌려 전하고 있는 것인지도 모른다. 도덕이라는 이름의 꽃은 잘 가꾸어진 뜰에 핀 꽃에 가깝지만, 신화라는 꽃은 뜰에 피어 있는 꽃이 아니다.

신화가 꽃이라면 이 꽃은, 뜰이라는 것들이 생겨나기 전에 들에서 피던 꽃이다. 들의 생태는 평화적이지 않다. 들은 적자생존의 무자비한 전쟁터다. 그래서 신화의 신들이 웃는 웃음은 현실도피주의자의 웃음이 아니다. 그것은 삶 자체만큼이나 무자비한 웃음이다. 신화에 등장하는 사랑 이야기는 도덕적이지 않다. 신화시대의 사랑은 무자비하고 잔혹하다. 신화는 원래, 꼬장꼬장한 도덕군자들을 자리에서 떨쳐 일어나게 할 만큼 비윤리적일 때 꽃을 피우는 측면이 있다. 신화라는 이름의 꽃은 장엄하면서도 무시무시하다. 신화가 고대 비극 작가들의 영감을 끊임없이 자극했던 것도 이 때문이다.

신화를 보면, 신들이나 인간의, 아리스토파네스의 이른바 '잃어버린 반쪽이 찾기'는 순조로웠던 것 같지 않다. 신화의 사랑 이야기에

제우스, 황금 소나기로 둔갑하다
제우스가 황금 소나기로 변하여 다나에에게 접근했다는 신화는 많은 예술가들의 영감을 자극했다. 코레조, 티치아노, 렘브란트 등이 이 이야기를 소재로 명화를 남겼다. 이 그림은 근대 화가 구스타프 클림트의 〈다나에〉.

제우스, 판으로 둔갑하다
들판의 신 판으로 둔갑하고 안티오페에게 접근하는 제우스. 네덜란드 화가 헨드릭 골트지우스의 그림.

제우스, 아르테미스로 둔갑하다
딸 아르테미스로 둔갑하고, 아르테미스의 몸종 칼리스토에게 사랑을 애원하는 제우스. 18세기 프랑스 화가 장 시몽 베르텔레미의 그림.

는 '이루어져서는 안 되는 사랑'이 있는가 하면 '이루어질 수 없는 사랑', '이루어져야 하는데 이루어지지 못한 사랑'도 있어서 인류는 오랜 방황 끝에 오늘날과 같은 사랑의 문화를 이루어낸 듯하다. 남성과 여성 간에 이루어지는 결혼 제도가 인류 사회에 정착한 것은 오래된 일이다. 하지만 인류가, 참으로 합리적인 듯한 이 제도를 하루아침에 일구어낸 것은 아닌 것이다.

신화에 자주 등장하는 비도덕적인 오누이 혼인만 해도 그렇다.

잘 알려져 있듯이, 제우스와 그의 아내 헤라는 남매간이다. 제우스는 누이인 데메테르와도 사랑을 나눈 적이 있다. 저승신 하데스에게 납치당한 페르세포네가 바로 둘 사이에서 난 딸인 것으로 전해진다. 이런 혼인이 지니는 비도덕성 때문에 신화 읽기가 망설여진다는 이들이 알아야 하는 것은 처음의 세상에는 배우자가 '누이 아니면 오라버니밖에 없었다'는 점이다. 창세 이후의, 혹은 대홍수로 인류가 절멸한 뒤의 오누이 혼인은 그리스 신화에만 등장하는 것이 아니다.

일본의 신화에 등장하는, 최초로 이 땅에 내린 두 신, 이자나기와 이자나미도 원래 남매간이다. 이 둘은 섬에 내린 직후 매우 넓은 궁전을 지었다. 남신 이자나기와 여신 이자나미 사이에는 이런 말이 오고 간다. 들어보라. 조금도 윤리적이지 않다. 믿어지지 않을 정도로 음란하다.

남신   그대의 몸은 어떤 모양을 하고 있나요?
여신   저의 몸은 참 잘 만들어졌습니다. 하지만 모자라는 데가 한 군

일본의 창조신 남매
하늘의 신에게서 받은 창으로 바닷물을 휘저어 섬을 지어내는 이자나기.

데 있습니다.

남신　나의 몸도 참 잘 만들어졌습니다. 그런데 없어도 될 것이 하나 붙어 있습니다. 더 붙어 있는 부분으로 그대의 모자라는 곳을 채워 땅을 만들고자 하오. 그대의 생각은 어떠하오?

여신　좋은 생각입니다.

남신　그러면 나와 그대가 하늘 기둥을 끼고 돌다가 서로 만나는 곳에서 부부의 인연을 맺읍시다.

남신 이자나기와 여신 이자나미는 이렇게 해서 부부가 되어 일본의 큰 섬들을 차례로 낳는다. 일본의 조상신들의 대화에 유심히 귀를 기울여보라. 결국은 '덧살'과 '살홈'에 관한 얘기다. 유치한 것이 아니다. 신화를 빙자한 인간의 결정적 진실이다.

중국의 천지창조 신화에 등장하는 창조신 복희는 처음으로 인간에게 목축을 가르친 신이자, 팔괘를 창안하여 음양을 통하여 사람 및 자연의 이치를 짐작하게 한 신이기도 하다. 복희가 창안한 팔괘 중의 네 괘는 지금 우리나라 태극기에 그려져 있기도 하다. 복희는 거룩한 덕이 해와 달 같다고 해서 '태호 복희씨', 즉 '큰 여름 하늘 같은 복희신'이라고 불리기도 한다. 복희의 아내는 여와다. 여와는 아득한 옛날 하늘을 받치고 있던 네 기둥이 무너지자 큰 거북의 다리를 잘라 기둥으로 삼아 하늘을 받치게 한 여신, 홍수가 나자 오색돌을 빚어 하늘 구멍을 메운 여신이기도 하다. 복희와 여와는 처음에는 남매간이었으나 나중에는 부부가 되었다. 유교의 나라에서 일어났다는 일로는 믿어지지 않는다.
(그리스 신화에 나오는 프로메테우스처럼, 흙을 빚어 처음으로 인간을 창조한 여신도 바로 여와다. 기독교와 유대교가 최초의 인간이라고 믿는 '아담'도 진흙으로 빚어진 사람이다. '아담'은, '흙'이라는 뜻을 지닌 히브리어 '아다마'에서 나온 말이라고 한다. 인간을 뜻하는 영어 '휴먼$_{human}$'은 라틴어 '호모$_{homo}$'에서 나온 말이고, '호모'는 '흙'을 뜻하는 '호무스$_{homus}$'에서 나온 말이다. 아담의 아내 '하와'는 야훼 하느님이 아담의 갈빗대를 하나 뽑아 만든 인류 최초의 여성이다. 아담과 하와 역시 남남이 아닌 것이다.)
중국의 여신 여와가 흙으로 인간을 만든 것은 대홍수가 나자 오색

중국의 창조신 남매
아랫도리가 뱀으로 그려진 복희와 여와.

　돌로 하늘 구멍을 막은 뒤의 일이다. 여와는 복희와 오누이 혼인을 통하여 자식을 낳음으로써, 혹은 흙으로 인간을 빚음으로써 인류의 한 갈래인 중국인들의 시조가 된다.
　대홍수에서 가까스로 살아남은 오누이가 서로 혼인하여 부부가 된다는 이야기는 그리스 신화에도 등장하는 것은 물론이다. 사촌간인 데우칼리온과 퓌라가 바로 이들이다. 데우칼리온과 퓌라는 혼인을 통하여 자식을 낳는 대신, 돌을 등 뒤로 던진다. 그러자 등 뒤로 떨어진 돌들은 사람이 되어 뒷날 그리스인들의 조상이 된다.
　대홍수가 끝난 뒤, 살아남은 오누이가 혼인하는 이야기는 우리나라에도 전해져 내려온다. 1923년 8월, 함경도의 김호영이라는 분이 들려주었다는 이 오누이 혼인 설화는 손진태의 『한국 민족설화의 연

등 뒤로 돌을 던지는 데우칼리온과 퓌라
대홍수에서 살아남아 등 뒤로 돌을 던짐으로써 새 인류를 창조하는 데우칼리온과 퓌라도 사촌간이다. 안드레아 델 밍가의 그림.

구』에 실려 전한다. 이야기는 다음과 같다.

옛날 이 세상에 큰물이 져서 세계는 모두 바다로 화했다. 살아남은 사람들은 오누이뿐이었다. 오누이는 백두산같이 높은 산봉우리에 당도했다. 물이 다 걷힌 뒤 오누이는 세상에 나와보았다. 하지만 사람을 구경할 수 없었다. 그대로 있다가는 사람의 씨가 끊어질 수밖에 없는 상황이었다. 하지만 남매간인데 혼인할 수도 없었다. 생각에 생각을 거듭하던 오누이는 마주 보고 서 있는 큰 봉우리 둘을 각각 하나씩 올랐다. 봉우리에서 오라비는 맷돌의 수컷에 해당하는 수망을 굴리고, 누이는 맷돌의 암컷에 해당하는 암망을 굴렸다. 그러고는 하늘에 기도했다. 수망과 암망이 봉우리 기슭에 이르자 사람이 결합하듯이 하나가 되었다. 오누이는 하늘의 뜻을 짐작하고 혼인하기로 마음먹었다. 사람의 씨는 이 오누이의 혼인으로 인하여 다음 대로 이어졌는데, 인류의 선조는 바로 그 오누이다.

 (왜 하필이면 맷돌인가? 이 설화는 맷돌로써 무슨 속내를 드러내고자 하는가? 지금은 민속 공예품 가게에서나 볼 수 있는 이 맷돌이 콩이나 팥을 갈고 있는 것을 본 적이 있는지? 곰보같이 얼금얼금하게 얽은 위짝과 아래짝 사이에는 '맷돌 중쇠'라는 것이 있다. 위짝과 아래짝을 연결하는 장치다. 위짝에는 구멍이 뚫려 있다. 이것이 '암쇠'다. 아래짝의 중심에는 구멍에 딱 맞는 돌기가 있다. 이것이 '수쇠'다. 이 암쇠와 수쇠가 꼭 끼인 채로 돌면 위짝은 아래짝에서 빠지지 않는다. 맷돌이 돌면서 콩을 갈아 뿌연 콩물을 쏟는 것을 가만히 바라보면서 '화수분 맷돌' 이야기가 끊임없이 사람들 입에 오르는 까닭, 대홍수 뒤의 오누이가 산봉우리에서 굴린 맷돌의 암망과 수망이 하나가 되는 광경을 상상해본 적이 있다. 신화는, 상상에 상상을 거듭하는 사람에게만 속내를 드러낸다고 해서.)

 신화에는, 도덕군자가 들으면 의분을 금하지 못할 근친혼의 일종인 이 같은 오누이 간의 사랑만 등장하는 것이 아니다. 내가 '인문人文의 자연'이라고 부르는 신화는 황소를 사랑한 여성, 암양을 사랑한 신, 전처소생을 사랑한 계모, 오라버니나 아버지를 사랑한 여성들도 품고 있다. 이 인문의 자연 생태계에는 전처의 아들을 사랑한 여인, 동성을 사랑한 신과 인간들, 아버지를 죽이고 어머니와 한 잠자리에 드는 아들, 아버지의 편을 들어 어머니를 죽이는 딸도 있다. 남성이면서도 양성兩性을 경험한 인간도 있고, 남성이면서도 동성에 대한 원초적 선망을 끊지 못한 인간도 있다. 그뿐인가? 자신을 너무 사랑하게 되는 바람에 이성을 푸대접했다가 신들의 저주를 받은 청년, 남들을 너무 사랑하여 아예 몸뚱이를 내놓은 여성들도 있다. 신혼의 단꿈에 젖어 꽃병에 꽃을 꽂아야 할 나이에 풍속에 가로막혀 가슴에 칼을 꽂는 연인들도 있다. 섭리를 좇고 때를 좇아 온전한 하나로 맺어지기까지 신화의 세계와 인간 세계의 반쪽이들은 실로 많은 시행착오를 경험하지 않으면 안 되었다.

제우스의 아내이자 거룩한 결혼의 여신인 헤라가 이성과 이성 사

가정과 신성한 결혼의 수호 여신 헤라
기원전 5세기의 대리석상이라고는 믿어지지 않을 정도로 정교하고 섬세하다. 로마 바티칸 박물관.

이의 혼인을 제도화하려고 동분서주한 것은 신화가 그리스인들의 종교였던 시대의 일이다. 헤라는 때로는 '여신'의 특권을 빌려, 부적절한 사랑에 빠지는 인간을 징벌했고, 딸이자 해산의 여신인 에일레이튀이아를 동원하여 부적절한 관계의 씨앗이 세상 밖으로 나오지 못하게 하기도 했다. 헤라의 시대가 가면서 신화가 종교의 자리에서 내려오자 이번에는 세상의 모든 지어미가 헤라 여신이 되어 지아비들의 바람기를 잠재우려 동분서주했다. 신들의 시대, 신화의 시대가 끝난 이래, 오랫동안 인류는 헤라 여신이 그토록 염원하던 '거룩한 결혼'이라는 제도를 숙명으로 받아들이는 것 같았다. 반쪽이들이 '잃어버린 반쪽이'들을 제대로 찾아내고 있는 듯했다.

그런데 다시 동성애가 흐드러지게 꽃피우고 있다. 남성과 남성이

해산의 여신 에일레이튀이아
헤라 여신의 딸인 에일레이튀이아(로마 이름은 루키나). 로마 시대의 브론즈.

어깨동무하고 유럽 거리를 누빈다. 여성과 여성이 팔짱을 끼고 결혼식장으로 통하는 계단을 오르내린다. 동성의 혼인신고도 문제없는 나라들이 늘어나고 있다. 미국의 무수한 동성애자가 대규모 거리 집회에 나와 '거룩한' 결혼을 손가락질한다. 숨어 있던 동성애자들이 가면을 벗고 본모습을 드러낸다. '커밍아웃coming-out'이란다. 남성이 여장하고 노래를 부르는가 하면, 여성이 남장하고 춤을 춘다. 남성으로 태어난 무수한 사람이 여성이 되어 수술실을 나선다. '여성'이 된 남성, 여성보다 더 아름다운 '여성'의 야릇한 춤과 노래가 신화시대의 야릇한 카오스(혼란)를 '진실'이라는 이름으로 연출한다.

이것이 아름다운 일인가? 그들에게, 손가락을 쏨벅 베어버리는 예리한 칼날 같은 이 진실은 아름다운 것일 수 있다. 하지만 풍습은 상식의 이름으로 그것을 죄악이라고 부르는 횡포를 자행한다. 이것 또한 우리 안에 숨어 있는, 대면하기 매우 껄끄러운 진실이다. 잃어버린 반쪽이를 찾는 일에 관한 한, 아무래도 인류의 한 갈래로서의 '우리' 안으로는, 우리가 잘 알지 못하는 강이 흐르고 있는 것 같다. '집단 무의식', '보편 무의식'이라는 이름의 강이 흐르고 있는 것 같다. 우리가 잘 알지 못하는 이 강이 인류의 한 갈래로서의 '우리'의 참모습인지 모른다는 생각이 들기도 한다. 그래서 우리 안에 흐르는 강의 모습이, 지금 우리 밖에 흐르는 강과 모습이 같지 않을 때마다 나는 한숨에 섞어 이렇게 중얼거리고는 한다.

"아이고, 인간아, 인간아……."

상징은 도낏자루다

나는 앞에서 한 약속을 잊지 않고 있다. 이제 지킬 때가 되었다. 아리스토파네스는 이렇게 말했다.

"……그러므로 반쪽이가 된 우리는 각각 옛날의 온전했던 한 인간의 부절입니다 Each of us when seperated is but the indenture of a man ……."

아리스토파네스는 반쪽이가 나머지 반쪽이를 그리워하는 것은 다시 한 몸이 되고 싶기 때문이라면서 반쪽이가 된 우리 자신을 '옛날의 온전했던 한 인간의 부절'이라고 했다. 우리말 번역어인 이 '부절'이란 무엇인가? 부절이란, 옛날의 사신들이 몸에 지니고 다니던, 돌이나 대나무 같은 것으로 만든 일종의 신분증 같은 것이다. 사신들이 가지고 다니던 부절은 온전한 것이 아니라 반으로 나눈 '반쪽'이었다. 나머지 반쪽은 임금이 보관하고 있었다. 이 두 개의 반쪽 부절을 맞추어 딱 맞을 경우를 '부합符合'이라고 했다. '부합', 즉 '서로 맞춘 부절이 딱 맞듯이 두 가지 사물이 서로 꼭 들어맞음'을 뜻하는 이 단어는 이렇게 해서 생긴 말이다. 하나의 부절을 지니고 있을 경우 다른 하나의 부절 모양을 짐작하는 것은 가능할까? 답은 독자에게 맡긴다.

영어가 '부절'이라는 뜻으로 쓰고 있는 '인덴처 indenture'는 '두 통으로 만들어서 서명한 계약서'라는 뜻이다. 이 두 통의 계약서는 아주 똑같아야 계약이 유효하다. '반쪽 부절'과 같은 뜻이다. 한 장의 계약서를 지니고 있을 경우 다른 한 장의 계약서 모양을 짐작하는 일은 가능할까? 답은 독자에게 맡긴다.

이 '부절'을 뜻하는 말이 그리스 원어에는 '쉼볼론symbolon'으로 되어 있다. 이 단어는 약간의 설명이 필요하다.

고대 그리스는 나그네를 위한 나라였다. 새로운 정보를 가지고 마을로 들어오는 나그네 대접은 모든 집주인들의 의무였다. 으뜸 신 제우스는 '제우스 크세니오스', 즉 '나그네들의 수호신 제우스'라고 불렸을 정도였다. 주인과 나그네의 사이는 각별할 수밖에 없었다. 고대 그리스에는 나그네가 한 집에서 오래 머물면서 융숭한 대접을 받고 주인과 헤어질 경우, 접시나 은화 같은 것을 반으로 나누어 한쪽은 자신이 갖고 나머지 한쪽은 주인에게 주어 간직하게 하는 풍습이 있었다. 뒷날 주인 혹은 주인의 자손이 나그네 혹은 나그네의 자손을 찾아올 경우, 조각을 맞추어보고 은혜 갚음을 할 수 있게 하기 위해서였다. 이 반쪽이 바로 '쉼볼론'이다. 반쪽이 쉼볼론을 '서로 맞추어보는' 일은 '쉼발레인symballein'이라는 동사로 불렀다. '상징'을 뜻하는 영어 단어 '심벌symbol'은 바로 이 '쉼발레인'에서 온 말이다. '서로 맞추어보다'라는 뜻이다.

'깨진 거울'이라는 뜻을 지닌 '파경破鏡'과 아주 비슷한 말이다. 옛날의 '죽고 못 사는' 사람들은 어쩔 수 없이 헤어질 때 한쪽씩 나누어 갖기 위해 거울을 깨뜨린 다음 이를 나누어 신표信標로 삼았던 모양이다. 나중에 맞추어보기 위해, 금생今生에 안 되면 후손들에게라도 서로 맞추어보게 하기 위해 거울을 두 쪽으로 가르는 '파경'이 지금은 '이혼'의 대명사로 잘못 쓰인다.

모르기는 하지만 쉼볼론이 되었든 반쪽 거울이 되었든 맞추어보면, 이쪽은 저쪽을 증거하고 저쪽은 이쪽을 증거할 것이다. 한쪽의 쉼볼론을 지니고 있을 경우 다른 한쪽 쉼볼론의 모양을 짐작하는 일은 가능할까? 답은 독자에게 맡긴다.

신화란 어떻게 이루어져 있는가? 신화는 매우 상징적인 이야기로 구성되어 있다. 신화는 곧 상징이기도 하다.

우리는 이 우주에 대한 옛사람들의 생각을 얼마나 알고 있는가? 우리는 이 세계의 전모에 대한 옛사람들의 생각을 얼마나 알고 있는가? 우리는 인간에 대한 옛사람들의 생각, 인간의 바닥을 흐르는 저 낯선 강에 대해 얼마나 알고 있는가? 우리 안을 흐르는 저 강에 대해 우리는 아직 잘 알지 못한다.

하지만 우리에게는 신화가 있다. 신화는 상징이다. 우리는 이 신화로써 세계의 전모, 인간의 바닥을 흐르는 저 낯선 강의 모양을 짐작할 수 있는가? 답은 독자에게 맡긴다.

중국의 고전 『시경』에 눈이 번쩍 뜨이는 구절이 있어 외워두었다.

> 도낏자루를 깎아라, 도낏자루를 깎아라伐柯伐柯.
> 그 깎는 법은 멀리 있지 않으니其則不遠.

도낏자루를 깎는다는 것은 도끼가 있음을 전제로 한다. 도끼는 오른손에 있다. 도낏자루 깎는 법이 멀리 있지 않은 것은, 오른손에 든 도끼의 자루를 보면서, 그 자루가 어떻게 깎였는지 보면서 새 도낏자루를 깎으면 되기 때문이다. 오른손에 도끼를 들고, 도낏자루는 어떻게 깎으면 돼요, 하고 묻는 것은 어리석다. 신화와 상징을 앞에 두고, 옛사람들 생각은 어땠을까요, 하는 것도 어리석다.

   신화는 상징이다. 반쪽이다. 사신들이 신분증으로 가지고 다니던 부절이다. 두 통으로 작성된 계약서다. 반쪽의 쉼볼론이다.

   도낏자루다.

1장
이루어져서는
안 되는 사랑

GREEK
AND
ROMAN
MYTHOLOGY

암염소를 사랑한 헤르메스

 헤르메스 이야기를 시작하자면 제우스 이야기부터 하지 않으면 안 된다. 헤르메스는 제우스의 아들이자, 제우스가 가까이 두고 부리는 심부름꾼이기도 하기 때문이다. 제우스가 바람둥이였다는 걸 누가 모를까. 바람둥이의 아내는 의심이 많아야 한다. 그래야 남편을 잃지 않는다. 제우스의 아내 헤라 여신은 의심도 많고 질투심도 강했다. 신화부터 읽어보자.

 어느 날 헤라가 하늘의 성 올륌포스에서 내려다보고 있으려니 날이 흐린 것도 아닌데 웬 구름자락이 강을 덮고 있었다. 헤라는 생각했다.
 (이 영감이 구름을 일으켜 강을 가리고 있는 것을 보니 필시 또 켕기는 짓을 한 모양이구나.)
 헤라는 손짓으로 그 구름을 헤치고 다시 내려다보았다. 과연 제우스가 거울같이 맑은 이나코스강 가에 서 있었다. 더 자세히 내려다

흰 암소 한 마리와 강가에 앉아 있는 제우스
구름 위에서 헤라가 내려다보고 있다. 16세기 중엽의 공예품.

보니 강가에 서 있는 것은 제우스뿐만이 아니었다. 제우스 옆에는 보기에 썩 좋은 암소도 한 마리 서 있었다.

 (그러면 그렇지.)

 헤라는 제우스의 능력을 잘 아는지라, 그 암소가 여느 암소가 아닐 것이라고 짐작했다. 제우스가 누구던가? 둔갑의 도사 아니던가? 제우스는 스스로 둔갑하는 것도 자유자재였을 뿐만 아니라 애인을 둔갑시키는 데도 자유자재였다. 암소는 사실 강의 신 이나코스의 딸 이오였다.

 ('강의 신'을 우리 신화에서는 '하백河伯'이라고 한다. 그러니까 이오는 하백의 딸이었던 셈이다. 고구려를 세운 동명성왕 고주몽도 하백의 딸 유화부인의 아들

제우스와 헤라
제우스와 헤라 부부의 다정한 모습을 그린 그림은 많지 않다. 루벤스는 '마리 드 메디치' 연작에서 올림포스 풍경을 화려하게 재현해냈다. 독수리 날개에 발을 올리고 있는 신이 제우스, 공작 앞에 앉아 있는 여신이 헤라다. 독수리와 공작처럼, 거느리는 신의 신분을 짐작하게 해주는 것을 '어트리뷰트attribute(부속물)'라고 한다. 파리 루브르 박물관.

이다.)

 그렇거니 제우스는 처녀 이오와 재미를 보고 있다가, 아무래도 천상에서 아내 헤라가 내려다보고 있는 것 같아 이오를 암소로 변신시키고는 나 모르쇠 시치미를 떼고 있는 참이었다. 헤라는 이나코스강 가로 내려가 제우스에게 말을 걸었다.

"암소가 참 아름답군요."

 제우스가 짧게 대답했다.

"내 생각도 그렇소."

"누구 거예요?"

"딱히 주인이 있는 것도 아닌 것 같소."

"혈통이 좋은 것 같군요. 어느 나라 혈통이죠?"

"내가 아오? 별걸 다 묻네?"

"으뜸 신께서 모르시는 것도 있나요?"

"땅에서 그냥 생겨난 새로운 혈통이오."

"좋은 암소인데, 저 주시죠."

"……."

"설마 이 아내에게 암소 한 마리 주기를 거절하시는 것은 아니겠지요?"

 제우스도 이 말에는 난처해지지 않을 수 없었다. 자기 애인을 본처 손에 건네주자니 그렇고, 그렇다고 해서 아내가 별것도 아닌 암소 한 마리를 달라고 하는데 줄 수 없다고 하기도 그렇고…… 거절하면 헤라의 의심을 기정사실로 만들 것 같고…….

제우스와 이오
스스로 구름자락이 되어 이오의 몸을 가리고 있는 제우스. 16세기 이탈리아 화가 코레조의 그림.

"……그렇게 하오."

헤라가 누구던가? 의심과 질투의 화신 아니던가? 헤라는 암소를 손에 넣은 것으로 만족할 수 없었다. 이오를 본모습으로 되돌리고, 지아비의 애인 노릇 한 벌을 톡톡히 주고 싶었다. 하지만 헤라가 이오를 본모습으로 되돌릴 수는 없다. 올림포스에도 법이 있다. 한 신이 한 일을 다른 신이 되돌리지 못한다.

헤라는 이 암소를 아르고스에게 보내어 엄중하게 감시하게 했다.

아르고스는 머리에 눈이 백 개나 달린 거인이다. 잠을 잘 때도

제우스와 이오 그리고 헤라
피터 라스트먼의 〈제우스와 이오를 적발한 헤라〉. 중앙에 서 있는 사랑의 신 에로스가, 제우스와 이오 사이에 있었던 일을 암시한다. 런던 내셔널 갤러리.

 이 아르고스는 한 번에 두 개씩밖에는 눈을 감지 않는다. 그래서 아르고스는 한시도 쉬지 않고 이 소를 감시할 수 있었다.

 제우스는 애인이 이러한 괴로움을 당하고 있는 판이라 몹시 심란했다. 그래서 아들 헤르메스를 불러, 어떻게 좀 해보라고 당부했다.

 헤르메스는 아버지 제우스의 명을 받들어 발에는 날개 달린 신을 신고, 머리에는 날개 달린 모자를 쓰고, 손에는 최면 지팡이를 들고는 지상으로 하강했다.

 지상에 내린 그는 날개를 치워버리고 오직 지팡이만을 들었다. 양떼를 쫓는 양치기로 둔갑한 것이다.

전령의 신 헤르메스
날개 달린 모자, 날개 달린 신발에 쇠뿔 지팡이까지 갖춘 헤르메스. 피렌체의 바르젤로 국립 미술관에 소장된 16세기 잠블로냐의 브론즈.

 헤르메스는 양 떼를 몰고 피리를 불며 아르고스에게 접근했다. 아르고스는 이 피리 소리에 반하고 말았다. 생전 처음 보는 악기, 난생 처음 들어보는 피리 소리였기 때문이다. 아르고스는 양치기에게 말을 걸었다.
 "여보게 젊은이, 이리 와서 이 바위에 좀 앉게. 이곳에는 양 떼가 뜯을 풀이 얼마든지 있네. 어디 그뿐인가? 목동들 마음에 꼭 들 시원한 나무 그늘도 얼마든지 있네."
 헤르메스는 아르고스의 말대로 바위 위에 앉아 세상 돌아가는 이야기를 하면서 날이 어두워지기를 기다렸다. 해가 지자 그는 피리를 꺼내어 다시 불기 시작했다. 부드러운 곡조만을 골라 불어 아르고스를 잠재워보려는 생각이었다. 그러나 헛수고였다. 아르고스가 대부분의 눈을 감았다고 해도 몇 개만은 여전히 뜬 채 감시했기 때문이었다.

 헤르메스는 이런저런 이야기 끝에 아르고스에게, 자기가 불고 있는 갈대 피리의 유래를 설명하기 시작했다.

 "옛날에 쉬링크스라고 하는 요정이 있었대요. 이 쉬링크스는 숲에 사는 사튀로스나 숲의 요정들로부터 사랑을 듬뿍 받고 있었답니

암소로 변한 이오와 이오를 지키다 잠든 아르고스, 피리를 부는 헤르메스
이 피리는 본문에서 설명한 피리와는 조금 다르다. 페테르 파울 루벤스의 그림. 드레스덴 국립 박물관.

다. 그런데도 쉬링크스는 어느 누구도 사랑하지 않고 오직 아르테미스 여신만을 숭배하며 그분과 함께 사냥감만 쫓아다녔더래요. 사냥옷을 차려입은 쉬링크스의 모습은 아르테미스의 모습만큼이나 아름다워서, 둘을 혼동하기가 딱 알맞았지요. 다른 점이 하나 있다면, 쉬링크스의 활은 짐승의 뿔로 만든 것인 데 견주어 아르테미스의 활은 은으로 만들어진 것이라는 정도였지요.

어느 날의 일입니다. 사냥터에서 돌아오던 쉬링크스는 판을 만났어요. 판은 여느 때처럼 쉬링크스에게 말을 걸고는 끈질기게 유혹하기 시작했어요. 쉬링크스는 상대가 뭐라고 듣기 좋은 소리를 하건 말건 들은 체도 않고 도망쳐버렸대요. 판은 그 뒤를 쫓았어요. 하지만 강둑 부근에서 그만 거의 따라잡히고 말았다는군요. 쉬링크스는 친구들인 물의 요정들에게 도움을 청할 도리밖에 없었지요. 친구들은 쉬링크스의 다급한 목소리를 듣고는 바로 도와주려고 했대요. 판이 쉬링크스를 껴안는 순간, 쉬링크스를 갈대로 변신시킨 겁니다. 판은 탄식했지요.

'아, 내 사랑을 받아주지 않고 갈대로 변신하다니…….'

그런데 탄식이 갈대 줄기 안에서 공명을 일으켜 아주 슬픈 소리로 변하더래요. 판은 희한한 일을 당한 데다 그 소리의 아름다움에 도취되어 이렇게 중얼거리더랍니다.

'그래, 그렇다면 대신 갈대라도 내 것으로 만들 수밖에…….'

곧이어 판은 몇 개의 갈대 줄기를 꺾어서 이를 각각 길이가 다르게 다듬어 불어보았대요. 그리고 그 요정의 이름을 따서 이 피리를

갈대 숲에 서 있는 쉬링크스
19세기 화가 아서 해커의 그림. 맨체스터 시립 박물관. (왼쪽)
쫓는 판과 쫓기는 쉬링크스
사랑의 신 에로스가 화살을 날리려 하고 있다. 니콜라 푸생의 그림. 드레스덴 국립 박물관. (오른쪽)

'쉬링크스'라고 불렀다는 이야깁니다."

 헤르메스 이야기는 여기까지만 듣자. 뒷이야기를 줄이면 이렇다. 헤르메스가 이야기를 하고 있을 동안 아르고스의 눈이라는 눈은 하나씩 둘씩 감기기 시작했다. 헤르메스는, 아르고스가 조느라고 머리를 끄덕하는 순간 단숨에 목을 자르고는, 바위산에서 아래로 차 던져버렸다. 백 개나 되는 아르고스 눈의 안광은 일시에 꺼져버렸다.

피리를 불어 아르고스를 잠재우는 헤르메스
암소로 변신한 이오가 뒤에서 지켜보고 있다. 네덜란드 화가 야콥 판 캄펜이 그린 이 그림의 피리는 본문의 피리와는 모양이 다르다.

후에 헤라는 아르고스의 죽음을 불쌍하게 여기고 그 눈을 모두 뽑아 자신을 상징하는 새, 자신이 총애하는 새 공작의 꼬리에 달아주었다. 그래서 이 눈은 오늘날까지도 공작의 꼬리에 붙어, 제우스의 일거수일투족을 감시한다.

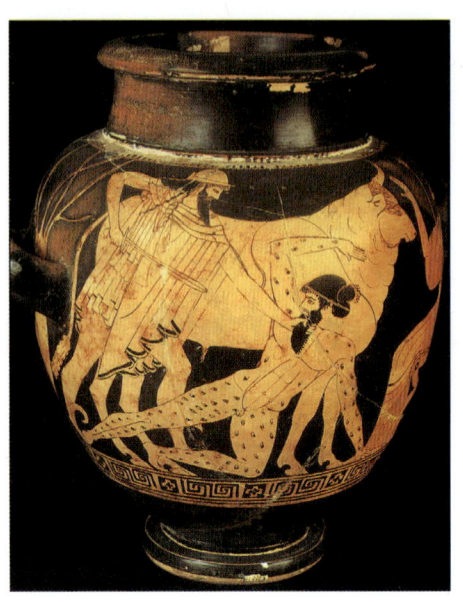

온몸에 눈이 박힌 아르고스
고대 그리스의 항아리에 그려진 그림으로 아르고스의 온몸에 눈이 박혀 있다.

 헤르메스는 상업의 신이자, 무역의 신이다. 그는 돈놀이꾼들의 수호신, 사기꾼들의 수호신이기도 하다. 사기꾼들의 수호신 노릇을 하자면 거짓말도 썩 잘해야 할 터이다. 헤르메스가 아르고스에게 이런 이야기를 하고 있는 것을 보면 기가 막힌다. 왜 그런가 하면, 새빨간 거짓말일 가능성이 있기 때문이다. 헤르메스는 자기 아들 이야기를 이렇게 하고 있는 셈이니까. 판은 헤르메스의 자식들이라는데, 그 내력이 재미있다.
 헤르메스는 제우스의 심부름꾼으로, 아버지 제우스가 피운 난봉의 뒤치다꺼리를 한 공이 적지 않다. 아르고스를 죽이고 아버지의 애인 이오를 구해낸 것도 그런 뒤치다꺼리 중의 하나다. 뒤치다꺼리

아르고스의 눈, 공작의 무늬가 되다
헤르메스의 손에 죽임을 당한 아르고스의 몸에서 눈을 뽑아 자신을 상징하는 새인 공작의 깃털에 달아주는 헤라 여신. 페테르 파울 루벤스의 그림.

를 하고 다니면서 헤르메스는 아버지 제우스에게서 여신이나 요정이나 인간을 후려내는 재주를 배웠을 터이다. 하지만 배우는 것까지는 좋은데 이로써 낳은 자식을 가까이서 보면, 아무래도 제대로 배운 것 같지가 않다.

헤르메스가 양 떼 치던 시절, 드뤼오프스왕의 외딸 페넬로페와 사랑을 나누고 낳았다는 아들만 해도 그렇다. 아기는 얼굴만 사람이었을 뿐, 온몸은 털투성이였고 허리 아래로는 영락없는 염소였다. 이마

팬플루트
판이 몇 개의 갈대 줄기를 꺾어 이를 각각 길이가 다르게 다듬어 불어보았다는 '판의 피리 Pan flute'.

에는 염소 뿔이 솟아 있는가 하면, 엉덩이에는 꼬리까지 달려 있었다. 남의 말 하기 좋아하는 이들이 쑥덕거렸다.

"드뤼오프스왕의 딸은 무슨 딸? 떡갈나무 밑에서 암염소를 타고 놀았던 게지."

빈말은 아니었을 것이다. 옥스퍼드 대학교 출판부가 펴낸 『고대 신화 인명 사전 Who's Who in Classical Mythology』도 이 아들을 두고 '헤르메스와 칼리스토, 페넬로페 혹은 암염소 she-goat 사이에서 태어난 아들'이라고 쓰고 있다.

헤르메스는 이 아이를 주워 토끼 가죽에 고이 싸서 올륌포스로 데리고 올라갔다. 신들이 보니 가관이었다. 얼굴은 분명히 인간 형상을 하고 있는데 인간에게는 없는 뿔도 달려 있고 꼬리도 달려 있고, 온몸에는 털까지 돋아 있었다.

"너, 별걸 다 가지고 있구나. 앞으로는 '판'이라고 불러야겠다."

신들 중 하나가 이렇게 말함으로써 이게 헤르메스 아들의 이름이 되었다. '판'은 '모든 것을 아우르는'이라는 뜻이다. 신화학자들은 우

프랑스 파리의 판 청동상
파리의 '팔레 드 도쿄(도쿄 미술관)' 앞에 표정이 심상치 않은 청동상이 서 있다. 뒤로 돌아가보니 꼬리가 있고, 아래쪽에는 팬플루트도 걸려 있다. 판이었다.

리가 '범미국적Pan-American', '범아시아적Pan-Asian' 할 때의 이 '범汎'이 바로 '판'의 이름에서 온 말이라고 설명한다.

하지만 '판'은 '파온Paon'이라는 초기 그리스어에서 유래했다는 설명도 있다. '파온'은 '양치기' 혹은 '먹이는 자'라는 뜻이다. 판은 들(혹은 전원)의 신이자 양치기들의 신, 즉 목양신牧羊神이다. 고대 그리스의 양치기들은 암양이나 암염소가 임신을 제대로 하지 못해 그 수가 불어나는 게 시원찮으면 이 판의 대리석상을 깃털로 때림으로써 매질하는 시늉을 했다고 한다.

판은 또 호색한이어서 숲속의 요정이나 인간 세상의 여성을 보면 덮치기를 좋아했던 것으로 전해진다. 공포를 '패닉panic'이라고 부르는 것도 판의 이름에서 유래한다. 요정이나 여성들이 판을 보고 느꼈음 직한 공황적 심리 상태가 '패닉'이 된 것이다.

헤르메스는 인간이 아니다. 그는 인간의 형상을 하고 다니던 신이다. 신이니까 반쪽이를 잃어버린 것도 아닐 터이다. 하지만 그는 인간을 흉내 내어 '잃어버린 반쪽이'를 찾아다녔다. 그러다 그만 엉뚱한 반쪽이와 사랑을 나누어 인간도 짐승도 아닌 기괴한 존재인 판을 이 세상에 끼쳐놓은, 못 말리는 신이 바로 헤르메스였다. 헤르메스와 암염소 사이의 사랑은 '이루어져서는 안 되는 사랑'이었다.

판이 나타나자 달아나는 요정들
판 무리가 나타나자 숲의 요정들이 혼비백산하고 달아난다. '패닉'은 판의 이름에서 유래했다. 페테르 파울 루벤스의 작품.

파시파에,
그게 아니라구요!

바람둥이 제우스에게는 애인 이오를 암소로 변신시킨 경험이 있다. 그런 제우스에게, 황소로 둔갑해서 여자에게 접근한 경험이 없을 리 없다. 실제로 제우스는 에우로페라는 여자에게 마음이 있어서 슬쩍 황소로 둔갑한 뒤 이 여자를 납치한 일이 있다. 제우스, 참 별짓 다 한다.

황소로 둔갑한 제우스는 이 에우로페를 등에 태운 채 온 유럽 땅을 다 돌아다니다 마침내 크레타섬에 상륙, 본색을 드러내고는 버즘나무 밑에서 에우로페와 사랑을 맺는다. 크레타의 버즘나무는 제우스의 축복을 받고 늘푸른나무, 즉 상록수가 된다(두 차례 다녀온 내가 잘 알거니와, 크레타는 아프리카 대륙과 매우 가깝다. 그래서 거의 모든 나무는 늘푸른나무 행세를 한다). '유럽Europe'이라는 말은 '에우로페Europe'라는 이름에서 유래한다.

에우로페가 제우스의 아들을 낳게 되는데 이 아들이 바로 크레타에다 왕국을 차린 미노스왕이다. 테세우스와의 사랑으로 유명한 아리아드네는 바로 이 미노스왕의 딸이다. 미노스는 뒷날 테세우스 때문에 곤욕은 곤욕대로 치르고 딸까지 빼앗긴 왕이기도 하다.

 미노스는 장성한 뒤 크레타섬에서 배다른 형제들과 왕위를 겨루게 되자 바다의 신 포세이돈에게 이렇게 빌었다.

 "아버지 제우스가 황소로 둔갑하여 어머니 에우로페를 업고 헤라 여신의 눈을 피할 때, 바다를 갈라 이 두 분을 숨겨주신 포세이돈 신이시여. 크레타섬이, 신들이 미노스에게 내린 땅이거든 이 섬을 보호하시는 신께서 징표를 내리소서. 파도를 가르시고 황소 한 마리를 크레타섬으로 오르게 하소서. 미노스 왕국이 서는 날 이 소를 잡아 포세이돈 신을 섬기는 제물로 삼겠습니다."

삼지창을 던지는 포세이돈
'아르테미시온의 포세이돈', 즉 에우보이아 지방 아르테미시온곶(岬)의 깊은 바다에서 발견된 청동상. 포세이돈이 삼지창을 던지려 하고 있다. 아테네 국립 고고학 박물관.

귀도 레니의 〈납치당하는 에우로페〉
사랑의 꼬마 신 에로스가 위에서 활을 쏘고 있다.

    포세이돈 신은 미노스왕의 기도를 어여삐 여기고는 파도를 가르고 황소 한 마리를 보내주었다. 미노스는 배다른 형제들을 이기고 왕위에 오를 수 있었다. 하지만 그는 포세이돈에게 그 소를 제물로 바치지 않았다. 신에게 한 약속을 지키지 않았다는 것은 미노스가 왕위에 오르고 나서 오만방자해진 것과 무관하지 않을 것이다. 포세이돈 신이 가만히 있을 리 없다. 바다가 그렇듯이, 바다의 신 포세이돈은 자비롭지 않다. 바다는 무자비하다. 포세이돈도 무자비하다. 바다는 절충주의를 용납하지 않는다. 바다에 직면하자면 목숨을 걸어야 한다. 바다와의 직면에는 삶 아니면 죽음이 있을 뿐이다. 이탈리아 수도 로마의 산타 마리아 교회 안에 있는, 거짓말하는 사람이 손을 넣으면 물고 놓지 않는다는 '보카 델라 베리타스(진실의 입)'가 누구의 입이던가? 바다의 신에 속하는 오케아노스 혹은 프로테우스의 입이다. 포세이돈은 황소 한 마리 때문에 미노스왕으로부터 욕을 본 셈이다. 이제 미노스왕이 황소 한 마리 때문에 포세이돈으로부터 욕을 볼 차례다.

미노스왕의 아내 파시파에는 태양신 헬리오스의 딸이다. 파시파에의 어머니는 오케아니데스에 속하는 여성 페르세이스다. 오케아니데스라면, 포세이돈 이전에 바다를 다스리던 바다의 신 오케아노스의 딸인 셈이다. 제우스와 에우로페의 아들인 미노스왕에 못지않게 족보가 '짱짱'하다. 이 명문의 딸이자 며느리인 파시파에가 해괴한 증세를 보이기 시작한다.

파시파에가 특별히 음란한 여성이었다는 기록은 없다. 그런데 어느 날 어느 순간부터 파시파에는 지아비인 미노스왕이 진정한 '잃어버린 반쪽이'가 아니라고 생각하기 시작한다. 그게 언제부터였는지, 그것도 기록에 없다. 짐작건대 오만방자해진 미노스왕이 포세이돈에게 황소를 제물로 바치기를 거절하고부터가 아닐까 싶다.

미노스왕과 공주 아리아드네
고대 그리스의 항아리에 그려진 그림.

파시파에의 눈에, 포세이돈의 황소가 바로 '잃어버린 반쪽이'로 보이기 시작한다. 그냥 보이는 정도에 그치는 것이 아니라 마침내 황소의 강렬한 짐승스러움과 수컷스러움에 욕정을 느끼는 데까지 이른다. 파시파에가 암소였다면 이러한 욕정은 건강한 불온함 혹은 불온한 건강함일 수 있겠지만 파시파에가 어디 암소던가? 파시파에는 그 당시에 이미, 장차 테세우스의 애인이 되는 아리아드네를 비롯해 자식을 여럿 낳은 여자 사람이 아니던가?

파시파에는 미노스의 눈을 피해 자주 외양간으로 나와 황소의 더 없이 씩씩한 힘살과 아랫배의 굵은 송곳 주머니를 보며 눈으로 욕정을 꺼보고자 했다. 눈으로 걸터듬음으로써 욕정을 끌 수 있었다면

아테나 여신전
맞은편의 프닉스 언덕에서 바라본 아크로폴리스 위의 아테나 여신전(파르테논). (왼쪽)
옆에서 바라본 아크로폴리스
아크로폴리스는 높이가 155미터나 되는 석회암산이다. 파르테논 신전은 수십 미터의 수직 벽 위에 세워져 있다. 다이달로스와 페르디코스를 생각하면서 벽 위에 서 보았다. (오른쪽)

파시파에는 용서받을 수 있었을 것이다. 그러나 눈에 찬다고 마음에도 차는 것은 아니었다. 파시파에는 이번에는 황소의 몸을 만져봄으로써, 말하자면 촉감함으로써 그 욕정을 꺼보려고 했다. 촉감으로 욕정을 끌 수 있었다면 파시파에는 용서받을 수 있었을 것이다. 하지만 어찌 된 셈인지, 이 황소는 사람을 가까이 용납하는 법이 없었다. 사람은 가까이 오지 못하게 하면서도 황소는 어찌나 암소를 밝히는지, 흡사 변덕스러운 장수 말 갈아타듯 했다. 파시파에에게, 이 황소가 암소 걸터듬는 광경을 바라보는 것은, 지아비 미노스가 계집질하는 광경을 대하는 것만큼이나 '껄쩍지근'했을 터이다. 실제로 미노스왕은 바람둥이인 아버지 제우스의 내림이어서 그랬을 테지만 바람기가 여간 아니었다. 파시파에에게는 상당한 정도의 마력이 있었던 모양이다. 파시파에가 미노스에게 마법을 걸어, 미노스를 상대로 사랑을 나누는 모든 여성의 몸으로 미노스의 씨앗 대신 독사와 벌레가 흘러 들어가게 한 것을 보면 질투심은 헤라 여신을 찜 쪄 먹었던 것 같다. 질투의 화신이라고 불리던 헤라 여신도 그렇게까지는 하지 않았다. 파시파에 자신은, 그러면서도 한 마리 황소에 대한 부적절한 욕정의 노예가 되어 있다. 부적절한 욕정이라는 것이 원래 다 타

뿔 모양의 술잔
크노쏘스 궁전에서 출토된 기원전 16세기의 뤼톤. 국립 이라클레이온 박물관.

영국의 고고학자 아서 에번스가 발굴한 크노쏘스 궁전
미노스왕이 건조한 것으로 알려져 있는 이 궁전에는 2천여 개의 크고 작은 방이 있었던 것으로 전해진다.

서 재가 되기 전에는 꺼지지 않는 불길인 법이다. 파시파에의 결정적 실수는 당시 크레타에 망명해 있던 희대의 손재주꾼 다이달로스를 이용하여 이 부적절한 욕정을 불태우려 한 데 있다.

다이달로스가 누구던가? 일찍이 '땅 위의 헤파이스토스'라는 이름을 얻을 정도로 손재주가 좋은 발명가였다. '다이달로스'라는 이름은 '쪼아서 만드는 자' 혹은 '손재간이 좋은 자'라는 뜻이다. 다이달로스

같은 자가 아테나이에 있으니 지혜의 여신 아테나가 보기에 참 좋았다. 아테나 여신은 신전 한 귀퉁이를 다이달로스에게 빌려주며, 자신이 인간을 위해 올리브나무를 주었듯이 사람을 위해 요긴한 것을 만들어주라고 다이달로스에게 당부했다. 다이달로스는 이 일터에서, 펼 수도 있고 접을 수도 있는 돛, 내리막길에서 '브레이크'를 걸 수 있는 수레, 자루 구멍이 있는 도끼 대가리 같은 것을 만들어 그 이름값을 잘했다. 다이달로스는 건축과 목공과 철공에 두루 능했다. 그런데 다이달로스는 자기 업적에 지나칠 정도의 긍지를 느끼는 사람이어서 자기와 어깨를 겨룰 자가 있다는 것을 견디지 못했다. 그런데 그에게는 강력한 '라이벌'이 있었다.

다이달로스의 문하에는 기계 기술을 배우라고 누이가 보낸 누이의 아들 페르디코스가 있었다. 페르디코스는 재주가 있는 아이인 데

다이달로스
18세기 조각가 안토니오 카노바가 새긴 다이달로스 대리석상(부분).

다 공부에 놀라운 관심을 나타내었다. 해변을 걷다가 물고기의 등뼈를 주워, 그것을 견본으로 철판을 잘라 만든 것이 바로 톱이다. 톱을 발명한 것이다. 두 개의 쇳조각을 붙이고, 그 한끝은 못으로 고정한 다음 반대편 끝은 뾰족하게 갈고는 두 조각으로 다시 벌려, 원을 그리는, 우리가 '컴퍼스'라고 부르는 양각기兩脚器를 발명하기도 했다. 다이달로스는 이러한 생질의 발명을 질투하고는 어느 날 아크로폴리스에서 기회를 보아 생질을 밀어서 떨어뜨렸다. 그러나 발명하는 재주를 총애하는 아테나 여신이 그것을 보고는 소년을 구하여 자고새로 변신하게 했다.

다이달로스는 이렇게 생질을 죽이고도 사람들에게는 아이가 발을 헛디뎌 아크로폴리스 아래로 떨어졌다는 말을 퍼뜨렸다. 다이달로스가 크레타로 망명한 것은 이 사건과 관련된 재판에서 유죄 판결을 받았기 때문이다.

파시파에가 손재주꾼 다이달로스에게 이렇게 말했다.

"다이달로스, 나 죽겠어요. 무슨 방법이 없을까요?"

우리는 이 대목에서 파시파에에게 이렇게 충고해주고 싶어진다.

"파시파에, 그게 아니에요."

하지만 파시파에는 이런 충고를 귀담아들을 마음의 여유가 없었다. 파시파에의 마음에는 욕정만 가득했다. 파시파에의 이 한마디를 손재주꾼 다이달로스는 백 마디로 알아들었다.

며칠을 집 안에서 뚱땅거리던 다이달로스가 이윽고 나무로 만든 소 한 마리를 몰고 외양간으로 나와, 사람을 보내어 파시파에 왕비를 불러 모셨다.

　파시파에가 와서 보니 두꺼운 나무로 만들고 겉에다 암소 가죽을 씌운, 영락없는 암소였다. 발굽이 있어야 할 자리에는 바퀴가 있어서 끌거나 밀면 앞뒤로 움직이기까지 했다. 파시파에가 그 겉모습을 흡족하게 여기자 다이달로스는 나무 소의 엉덩이를 보여주었다. 나무 소 꼬리 밑에는 장정의 주먹이 하나 드나들 만한 구멍이 있었다.

　나무 소 잔등도 뚜껑처럼 여닫을 수가 있게 되어 있었다. 다이달로스가 그 뚜껑을 열고 빈 속을 보여주면서 파시파에에게 말했다. 상상에 머물 때만 겨우 용서받을 수 있을 터인, 해괴망측한 말이었다.

왕비 파시파에에게 자신이 만든 나무 소를 보여주는 다이달로스
1세기에 그려진 폼페이 벽화.

암소 모형으로 들어가는 파시파에
앞선 폼페이 벽화보다 훨씬 노골적이다. 이탈리아의 화가 겸 건축가 줄리오 로마노의 그림.

"자, 이 속에 들어가셔서 뒤로 난 구멍으로 손을 내미시면 얼마든지 저 황소를 가까이 사귈 수가 있습니다. 참나무로 튼튼하게 만든 것인 만큼, 황소가 나무 소를 떠받거나 잔등에 올라타더라도 왕비께서는 걱정하실 일이 없습니다."

파시파에는 나무 소의 뱃속으로 들어가 뚜껑을 닫았다. 나무 소의, 속이 빈 앞다리에는 두 팔을 끼우기가 좋았고 역시 속이 빈 뒷다리에는 두 다리를 끼우기가 알맞았다. 파시파에가, 나무 소의 엉덩이에 나 있는 구멍으로 손을 넣고 황소를 만지는 것으로 욕정의 불길을 끌 수 있었다면 좀 좋았을까? 파시파에는 구멍으로 손을 내미는 대신 편치 못한 자세로 엎드렸다. 문제의 황소가 다가온 것은 물론이다. 이제부터 벌어지는 일은 독자의 상상에 맡기기로 한다. 신화는 상상하는 이들의 몫이다.

그러고 나서 아무 일이 없었으면 좋았을 것을……. 날이 가고 달이 가자 파시파에의 배가 나날이 불러왔다. 달이 차자 파시파에는 뱃속에 오래 품고 있던 그 황소의 자식을 낳았다. 우리가 '미노타우로스(미노스의 소)'라고 부르는 괴물이 바로 이때 파시파에가 낳은 자식이다. 어머니를 닮았더라면 사람 모습이었을 터이니 미노스의 아들로 행세하게 하면 되었을 터이고, 황소를 닮았더라면 소 모습이었을 터이니 외양간에다 두면 된다. 하지만 이 미노타우로스는 아버지 닮기, 어머니 닮기 다 그만두고 머리는 황소 머리, 몸은 사람의 몸으로 태어났다.

그런데 '머리는 황소 머리, 몸은 사람 몸'이라는 표현에 다른 의견을 내는 사람들이 있다. 오비디우스의 『변신 이야기』에는 '반은 소, 반은 인간인 괴물'로 기록되어 있다. 19세기에 그리스와 로마의 신화를 다시 쓴 토머스 불핀치는 '몸은 황소의 몸, 머리는 인간의 머리인 괴물'로 쓰고 있다. 이 미노타우로스는 그 모양 값을 하느라고, 먹는 것도 사람 고기 아니면 입도 대지 않았다.

고구려 고분벽화에 그려진 소머리 인간
미노타우로스 이야기는 태어나고 갇히고 죽임을 당하기까지의 경위와 그 기승전결이 뚜렷한 신화다. 우리에게도 '소머리 인간'을 그린 고구려 고분벽화(안악 제1호 무덤)가 있는 것으로 보아 비슷한 신화가 있었던 것으로 추정된다. 하지만 아쉽게도 그 내용은 전해지지 않는다.

    우리말에 '삼씨 오쟁이를 진다'는 말이 있다. '아내의 간통으로 남의 웃음거리가 된다'는 뜻이다. '삼씨'는 삼베의 원료가 되는 삼의 씨앗이다. '오쟁이'는 짚으로 얼금얼금하게 엮은 일종의 자루 같은 것이다. 삼은 씨의 낱알이 작기로 유명한 식물이다. 오쟁이는 얼금얼금하기로 유명한 자루다. 자, 낱알이 작기로 유명한 삼씨를 얼금얼금하기로 유명한 오쟁이에 넣어 짊어지고 가면 어떻게 되는가? 삼씨가 줄줄 샐 수밖에 없다. 따라서 세상 사람들은, '삼씨 오쟁이'를 지고 가는 사람의 오쟁이에 들어 있는 내용물이 무엇인지 한눈에 알아볼 수밖에 없다. 그러니 아무리 숨기려고 해봐야 숨겨지지 않는다.
    미노스왕이 바로 '삼씨 오쟁이를 진 사람'이 되었다. 그는 아내가 괴물을 낳았다는 사실을 숨기고 싶었다. 하지만 소문은 오쟁이에서

미노스의 소, 미노타우로스
머리는 황소, 몸은 인간인 미노타우로스. 19세기 영국 화가 조지 프레더릭 와츠의 그림.

 삼씨가 줄줄 새듯이 이 입에서 저 입으로 옮겨가 온 크레타섬은 물론이고 먼 바다를 넘어 아테나이에까지 퍼졌다. 미노스왕으로서는 망신도 그런 망신이 없었다.

 미노스왕은 이 미노타우로스를 궁전 안에다 두되 남의 눈에 띄지 않게 할 방법을 궁리하다가 파시파에를 위해 나무 소를 만들었던 명장 다이달로스를 불러 명령했다.

 "미궁을 만들어라. 알았느냐? 들어가면 신들도 나오기 어려운 미궁, 만든 너도 나올 수 없는 미궁, 미노타우로스나 인간은 절대로 나올 수 없는 미궁을 만들어야 한다. 이 미궁에 들어간 자는, 잠이 들어 꿈을 꾸어도 여기에서 나오는 꿈을 꾸어서는 안 된다. 그런 미궁을

미궁 속으로 들어가는 테세우스
테세우스가 아테나이의 젊은이들을 데리고 미궁으로 들어가고 있다. 오른쪽에, 이들을 기다리는 미노타우로스가 보인다. 귀스타브 모로의 그림.

만들어라. 만약에 미궁에서 살아 나오는 인간이 있으면 너와 네 아들 이카로스를 여기에 가둘 터이니 그리 알라."

다이달로스는 미노스왕의 명을 받들어 복잡하게 꼬부라지는 복도에 연하여 수백 개의 크고 작은 방이 딸려 있는 미궁을 만들었으니, 이것이 바로 '라뷔린토스labyrinthos', 영어로는 '래버린스labyrinth'라고 불리는 크레타의 '미궁'이다. 여기에 들어가면 어느 누구도 살아나올 수 없다. 미노스왕의 생각에 따르면 이 미궁을 설계하고 건설한 다이달로스조차 여기에 들어가면 살아 나올 수 없다. 괴물 미노타우로스는 다이달로스가 만든 미궁에 갇히고 만다.

'부적절한 욕망'의 화신이었던 파시파에, 인간의 '잃어버린 반쪽

미궁 속에서 미노타우로스를 죽이는 테세우스
4세기 로마의 바닥 모자이크.

영웅 테세우스
소의 머리에 사람의 몸을 가진 괴물 미노타우로스를 죽이는 테세우스. 『실재하지 않았던 것들의 백과사전 Encyclopedia of Things That Never Were』에 실린 로버트 잉펜의 삽화.

파블로 피카소가 그린 〈미노타우로스〉

미노타우로스를 죽이는 테세우스
테세우스가 미궁으로 들어가 미노타우로스를 죽인 사건이 많은 예술가들의 상상력을 자극한 것이 분명하다. 기원전부터 오늘날에 이르기까지 얼마나 다양한 '미노타우로스를 죽이는 테세우스' 이미지가 생산되었던가.
기원전 6세기의 항아리에 그려진 그림. 파리 루브르 박물관.

피카소의 또 다른 〈미노타우로스〉 드로잉
이 그림의 테세우스는 귀여운 몽둥이를 든 여성이다. (왼쪽)
파리 콩코드 광장에 서 있는 테세우스와 미노타우로스
피카소의 드로잉과는 달리 무지막지한 몽둥이로 미노타우로스를 박살내는 테세우스. 파리 콩코드 광장. (오른쪽)

이'는 반드시 인간, 인간 중에서도 이성異性이어야 한다는 이 평범한 진리를 알지 못했던 인간 파시파에 이야기는 여기에서 끝난다. 하지만 파시파에 이야기는 풍성한 후일담, 즉 테세우스와 아리아드네 이야기, 다이달로스와 이카로스 이야기로 이어진다. 하지만 이 책의 주제와 별 상관이 없는 후일담은 짧게 하는 것이 좋겠다.

다이달로스가 설계한 미궁은 과연 금성철벽처럼 완벽했던 모양이다. 테세우스가 이 미궁으로 들어가 미노타우로스를 죽이고 무사히 살아나온 것은 신화적 사실이다. 하지만 테세우스가 혼자 힘으로 미궁을 빠져나왔던 것은 아니다. 파시파에의 맏딸 아리아드네가 건네준 실꾸리가 없었더라면 테세우스는 미궁에서 빠져나올 수 없었을 것이다. 테세우스는 실꾸리에 감긴 삼실을 솔솔 풀면서 미궁 안으로 들어갔다가 미노타우로스를 죽인 뒤에는 바로 그 실을 따라 무사히 밖으로 나올 수 있었던 것이다.

그렇다면 아버지를 배반하고 적국의 왕자 테세우스를 도와주었던 아리아드네는 테세우스와 행복하게 잘 살았을까? 아리아드네는 테세우스를 따라 아테나이로 가다가 낙소스섬에서 테세우스와 헤어진

미노타우로스를 죽이고 미궁을 벗어나는 테세우스
폼페이에 남아 있는 로마 시대의 벽화.

것으로 신화는 기록하고 있다. 테세우스에게서 배신을 당했다는 기록도 있고, 아리아드네가 섬의 동굴에서 잠들어 있다는 것을 모르고 테세우스가 닻을 올렸다는 기록도 있다. 아리아드네는 이 섬에서 포도주의 신 디오뉘소스를 만나 그의 아내가 되었다.

테세우스가 떠나자 미노스왕은 약속대로 다이달로스와 그의 아들 이카로스를 미궁에 가두었다. 하지만 다이달로스와 이카로스도 이 미궁을 탈출했다. 미궁의 설계자이자 시공자인 다이달로스이지만 두 발로 걸어서 이 미궁을 탈출한 것은 아니다. 다이달로스와 이카로스가 날개를 만들어 달고 하늘을 날아 미궁에서 빠져나왔다는 것은 걸어서 탈출하는 것은 불가능했음을 암시한다. 그들이 날개를

떠나는 테세우스와 낙소스섬에 남은 아리아드네
로마 시대의 벽화.

샤를 드 라 포스의 〈디오뉘소스와 아리아드네〉
디종 예술 박물관.

만든 것은 미궁이, 들어가면 어느 누구도 걸어 나올 수 없는 글자 그대로 완벽한 미궁이었음을 보여준다.

그렇거니, 파시파에의 '부적절한 욕정'이 불러일으킨 희비극은 여기에서 끝나는가? 끝나지 않았다. 우리는 지금 어떻게 이 세상에 존재하고 있는가? 우리 앞에서 대代가 끊기지 않은 덕분이다. 대물림이 끝나지 않은 덕분이다. 신화는 지금 어떻게 이 세상에 존재하고 있는가? 신화는 '끝나지 않는 이야기 never-ending story'다.

다이달로스와 이카로스
16~17세기 이탈리아 화가 카를로 사라체니의 그림(위)과 17세기의 돋을새김(아래).
특히 돋을새김은 다이달로스와 이카로스 이야기를 꽤 상세하게 전하고 있다. 이들이 탈출한 미궁, 이들이 뛰어내린 첨탑, 이카로스가 달고 있는 날개의 밀랍을 녹인 태양, 추락하는 이카로스, 앞서 날아가던 다이달로스가 보인다.

2장
사랑해서는
안 되는 사람

GREEK
AND
ROMAN
MYTHOLOGY

히폴뤼토스, 조심해

……유리는 어려서부터 특별한 재주가 있어서 팔매질로 참새를 곧잘 잡았다. 하루는 팔매질로, 한 아낙이 이고 가는 물동이를 뚫었다. 아낙이 유리를 질책했다.

"아비 없이 자란 자식이라 내 물동이를 뚫었구나."

유리는 몹시 부끄러워하면서 진흙 덩어리를 이겨 던져, 뚫린 구멍을 막아 물동이를 온전하게 하고는 집으로 돌아와 어머니에게 물었다.

"내 아버지는 누구이시며 지금 어디에 있습니까我父何人 今才何處?"

유리가 어린지라 어머니는 희롱 삼아 말했다.

"너에게는 일정한 아버지가 없다."

유리가 울면서 한탄했다.

"일정한 아버지가 없는 사람이 무슨 면목으로 남을 대하겠습니까?"

그러고는 칼로 제 목을 찌르려 하자 깜짝 놀란 어머니가 그제야 말했다.

"조금 전에는 희롱 삼아 말했다. 너의 아버지는 천제天帝의 손자이자 강신江神의 외손이시다. 부여 나라 신하 되는 것을 싫어해서 남쪽으로 내려가 나라를 세우셨다. 네가 능히 가보겠느냐?"

동양과 서양의 신화를 견줄 때마다, 우리나라 신화와 그리스 신화를 견줄 때마다 내가 꼭 하고 넘어가는 이야기가 있다. 고구려 왕 유리 이야기와 아테나이 왕 테세우스 이야기가 그것이다. 유리 이야기와 테세우스 이야기를 비교해본다. 유리 이야기는 운문으로 쓰인 『동국이상국집』'동명왕 편'에 산문으로 된 분주分註에 실려 전한다.

이 이야기에 등장하는 '어머니'는 고구려 시조 동명성왕, 즉 고주몽의 애인 예씨 부인이다. 고주몽은 부여인들에게 쫓겨, 아기를 밴 예씨만 남겨둔 채 남쪽으로 떠났다. 그러니까 유리는 고주몽이 떠난 다음에 예씨 부인이 낳은 아들이다. 그 아들이 지금 아버지의 존재를 궁금해하고 있다. 아버지의 존재를 궁금해한다는 것은 자기 자신의 존재를 궁금해한다는 뜻이다.

무협지 혹은 무협 영화의 한 대목을 떠올려도 좋다. 나는 누구일까? 나는 어디에서 왔을까? 내 아버지는 누구일까? 아이가 이런 의문을 제기하는 순간 그 무협지 혹은 무협 영화는 대번에 의미심장해진다. 나는 왜 아버지를 아버지라고 부르지呼父 못하고, 형님을 형님이라고 부르지呼兄 못하는 것일까? 이런 의문을 제기하는 순간『홍길동전』이 의미심장해지는 것을 보라. 늙은 부모가 아들 앞에서 무릎을 꿇고 이렇게 고백하는 순간에도 드라마는 아연 활기를 띤다.

"도련님, 사실 저희는 도련님의 친부모가 아닙니다."

유리 이야기를 더 읽어보자.

……어머니 예씨 부인이, 남쪽으로 떠난 아버지 주몽을 찾아가겠느냐고 물었을 때 유리는 이렇게 대답한다.

"아버지는 임금이신데 아들인 저는 남의 신하 노릇이나 하고 있으니, 저 비록 재주 없는 아이이기는 하나 심히 부끄럽습니다(아버지 찾아 떠나겠습니다)."

어머니 예씨 부인은 아들에게 이런 말을 들려준다.

"너의 아버지가 떠나면서, 만일에 아들을 낳거든 들려주라면서 하신 말씀이 있다. 아버지는 '일곱 모가 난 돌 위의 소나무 밑七稜石上松下'에다 신표信標를 숨겨두었으니, 능히 이것을 찾아내어 당신께 오는 자가 있으면 당신의 아들이라 할 것이라고 했다."

유리가 산골짜기를 뒤졌지만 마침내 찾지 못했다. 지쳐서 돌아온 유리의 귀에, 기둥에서 나는 이상한 소리가 들렸다. 가서 살펴보니, 주춧돌을 타고 선 기둥은 모서리가 일곱이었다. 과연 일곱 모가 난 돌 위의 소나무였다. 가까이 가서 보니 기둥 밑으로 구멍이 있었다. 바로 그 구멍에서 칼 도막을 찾아내고 유리는 크게 기뻐했다. 유리는 그 칼 도막을 가지고 고구려로 가서 주몽왕께 바쳤다. 왕이 자신이 가진 칼 도막을 꺼내어 유리가 가져온 칼 도막과 맞추니, 피가 흐르면서 이어져 한 자루의 칼이 되었다. 왕이 유리에게 물었다.

"네가 실로 내 아들이라면 어떤 신성神聖함을 지니고 있느냐?"

그 말을 듣고 유리가 공중으로 몸을 솟구치자 해에 이르렀다. 왕은 유리의 신기하고 이상함을 기특하게 여기고 태자로 삼았다.

'일곱 모가 난 돌 위의 소나무'는 『삼국유사』의 기록이다. '동명왕편'에는 '일곱 마루 일곱 골짜기, 돌 위의 소나무七嶺七谷石上之松'로 기록되어 있다.

이제 그리스인 플루타르코스(영어로는 '플루타크')가 쓴 『플루타르코스 영웅전』의 '테세우스 이야기'를 요약하면 이렇다.

……아테나이 왕 아이게우스는 도시국가 이웃 나라를 방문했지만 술은 마실 수 없었다. 그 까닭은 "아테나이로 돌아가기 전에는 포도주 부대의 끈을 풀지 말라"는 신탁을 받았기 때문이다. 이웃 나라의 현명한 왕 피테우스는 아이게우스에게 술을 마시게 하고는 딸 아이트라와 동침하게 했다. ……잠자리를 함께한 여인이 그 나라 공주라는 것을 아침에야 안 아이게우스는 공주가 아들을 낳을 것임을 예감했다.

아이게우스는 아테나이로 떠나기 직전, 장정 서넛이 들어도 들릴까 말까 한 왕궁 객사의 섬돌 한 귀퉁이를 들고 돌 놓였던 자리에다 가죽신 한 켤레와 칼 한 자루를 놓고는 돌을 그 자리에 내려놓았다. 그러고는 아이트라에게 은밀하게 당부했다.

"아들을 낳고, 그 아들이 제 근본을 궁금해할 나이가 되거든 아비 찾아 떠나보내세요. 내가 섬돌 밑에다 신표token를 감추어두었으니, 제힘으로 섬돌을 들 만한 힘이 생기거든 보내세요. 아무도 모르게,

아버지가 남겨둔 신표인 칼을 꺼내려고 섬돌을 들어 올리는 테세우스
고대 그리스의 돋을새김. 런던 대영박물관.

은밀하게 보내세요."

테세우스는 강인한 육체의 소유자였다. (아들이 자신의 근본을 궁금해할 나이가 되자) 어머니 아이트라는 섬돌이 있는 곳으로 아들을 데리고 가서 아버지 이야기를 들려주었다. 테세우스는 쉽게 섬돌을 들고는 밑에 숨겨져 있던 칼과 가죽신을 꺼내어 길을 떠났다.

바위를 들어 올리는 테세우스
테세우스는 아버지가 바위 아래에 남겨둔 신표(칼과 가죽신)를 찾은 후 아버지를 찾아 길을 떠난다. 니콜라 푸생의 그림.

 유리 신화와 테세우스 신화에서 우리가 주목할 것은, 소지한 자의 신분을 증명하는 '신표'다. 바로 상징이다. 유리가 주몽의 아들임을 상징하는 칼은 정확하게는 칼 도막이다. 주몽은 유리가 가져온 칼 도막을 자기가 가지고 있던 칼 도막과 '맞추어봄'으로써 유리를 자신의 아들로 승인한다. 말하자면 상징을 실체로 승인하는 것이다.
 신화는 상징적이다. 신화는 우리가 떠나면서 숨겨놓고 온, 혹은 우리의 아버지가 숨겨놓고 떠난, 인간의 꿈과 진실이 서려 있는 신표 같은 것이라고 나는 생각한다. 칼 도막 혹은 칼과 신발 같은 것이라고 나는 생각한다. 내가 신화를 놓지 못하는 까닭이 여기에 있다. 나는 유리 태자에게 일어났던 것과 아주 비슷한 일이 테세우스에게도 일어났던 것에 주목한다.

이번에는 유리 태자, 즉 유리왕의 손자 호동에게 일어났던 일을 얘기해보겠다. 『삼국사기』 '고구려본기 제2, 고구려 제3대 대무신왕' 편에 실려 있는 이야기를, 더하기 빼기를 하지 않고 그대로 옮겨본다.

대무신왕 15년 여름 4월, 왕의 아들 호동이 옥저를 유람 다니고 있었다. 낙랑 왕 최리가 그곳을 다니다가 호동을 보고 말했다.

"그대의 얼굴을 보니 여느 사람이 아니로구나. 그대가 어찌 북쪽 나라 대무신왕의 아들이 아니리?"

낙랑 왕 최리는 마침내 그를 데리고 돌아가서 자기의 딸 낙랑공주를 아내로 삼게 하려고 했다. 그 직후 호동이 본국으로 돌아와서 남몰래 낙랑공주에게 사자를 보내 사연을 전했다.

"그대가 그대의 나라 무기고에 들어가 북과 나팔을 부수어버릴 수 있다면 내가 예를 갖추어 그대를 맞이할 것이오만, 그렇게 하지 못한다면 나는 그대를 맞을 수 없소."

예로부터 낙랑에는 신통한 북과 나팔이 있었다. 북과 나팔은 적군이 쳐들어오면 저절로 소리를 내어 알렸다. 호동왕자는 낙랑공주로 하여금 이 북과 나팔을 부숴버릴 것을 권한 것이다.

최씨의 딸(낙랑공주)은 예리한 칼을 들고 몰래 무기고에 들어가서 북을 찢고 나팔의 주둥이를 베어버린 후, 이를 호동에게 알려주었다. 호동왕자의 권고를 받고 (고구려) 왕이 낙랑을 침공하였다. 최리는, 북과 나팔이 울지 않으므로 방비를 하지 않았다. 그는 고구려 군사들이 소리 없이 성 밑까지 이르게 된 뒤에야 북과 나팔이 모두 훼손되고 만 것을 알았다. 낙랑 왕 최리는 마침내 자기 딸을 죽이고 나와서 항복했다.

겨울 11월, 호동이 자살했다. 호동은 왕의 둘째 왕비인 갈사왕 손녀의 소생이었다. 호동은 용모가 준수하여 왕이 매우 귀여워하였으며, 이에 따라 이름도 호동이라고 했다. 첫째 왕비는 호동이 태자가 될 것을 염려하여, 왕에게 참소하였다.

"호동은 나를 무례하게 대하며 간통하려 하였습니다."

왕이 말했다.

"그대는, 호동이 다른 여자의 소생이라 하여 미워하는가?"

첫째 왕비는 왕이 자기를 믿지 못하는 것을 알고 장차 화가 자기에게 미칠 것을 두려워하여 울면서 호소했다.

"바라건대 대왕께서 가만히 엿보소서. 만약 그런 일이 없으면, 제가 죄를 받겠습니다."

왕비의 말이 여기까지 이르자 대왕도 호동을 의심하지 않을 수 없어 죄를 주려 하였다. 누군가가 호동에게 물었다.

"그대는 어찌하여 스스로 해명하지 않는가?"

호동이 대답하였다.

"내가 만일 스스로 해명한다면 이것은 어머니의 죄악을 드러내는 동시에 대왕께 근심을 더해드리는 셈인데, 이것을 어찌 '효'라고 할 수 있겠는가?"

호동은 곧 칼을 품고 엎드려 자결하였다.

이번에는 테세우스의 아들 히폴뤼토스 이야기를 읽어본다.

히폴뤼토스는 테세우스와 아마존 여왕 안티오페 혹은 히폴뤼테 사이에서 태어난 아들이다. 히폴뤼토스의 어머니는 오래 살지 못하고 세상을 떠났다. 아내를 잃은 테세우스는 섬나라 크레타를 치고 그 나라의 공주 파이드라를 데려와 아내로 삼는다. 파이드라는 테세우스를 도와 미궁을 무사히 빠져나오게 해주었던 아리아드네의 동생이다. 말하자면 건강하지 못한 정욕 때문에 미노타우로스라는 전대미문의 괴물을 낳았던 저 파시파에의 딸이다. 만일에, 유리왕에게 일어났던 것과 아주 비슷한 일이 테세우스에게 일어났듯이, 유리왕의 손자 호동왕자에게 일어났던 것과 비슷한 일이 테세우스의 아들 히폴뤼토스에게 일어날 조짐이 보이면 우리는, 우리 신화를 읽은 보람으로 이렇게 충고할 수밖에 없다.

"히폴뤼토스, 조심해!"

테세우스와 안티오페
에레트리아 고고학 박물관.

　히폴뤼토스는 여인들만의 나라 아마존 여왕의 아들이다. 아마존 족은, 남성은 거들떠보지도 않고 사냥이나 다니는 처녀 신 아르테미스를 지성으로 섬기는 여인족이다. 그 피의 일부와 살의 일부를 받아서 그런지 히폴뤼토스는 남자인데도 그 하는 짓이 꼭 아마존 같았다. 말하자면 이성 쪽으로는 눈도 돌리지 않고 오직 제 몸을 닦고, 재간을 기르고, 사냥하고, 동정을 귀하게 지키는 일에만 마음을 썼다.
　창조신이 있으면 저승신도 있는 법이다. 남자와 배를 붙인 여자를 몹시 미워해서 진통하는 산모를 무자비하게 죽이는 일까지 마다하지 않는 처녀 신 아르테미스가 있으면, 배를 붙이기 위해서라면 깨뜨리지 못할 법칙이 없다고 믿는 애욕의 여신 아프로디테도 있는 법이다.

아프로디테는, 테세우스와 파이드라가 잠시 트로이젠으로 왔을 때 아들 에로스(사랑)를 시켜 파이드라의 가슴에다 금화살 하나를 쏘게 했다. 파이드라의 가슴에다 히폴뤼토스를 향한 사랑의 불을 지펴 놓은 것이다. 우리가 여러 번 듣고 보아서 알다시피 이 불길은, 다 타서 재가 되기 전에는 꺼지지 않는다. 그래서 '에로스'는 창조신의 버금 신이자 저승신의 버금 신이기도 한 것이다. 파이드라의 의지는 이 에로스의 장난 앞에서 무력하다.

파이드라는 테세우스 몰래 이 전처소생인 히폴뤼토스를 햘금거리다가, 상사병에 들린 여자가 다 그렇듯이 식음을 전폐하고 제 뜻을 전할 기회가 오기를 기다렸다. 파이드라의 시녀가 이 눈치를 읽고 이 모자 사이를 부산하게 오고 갔다.

파이드라가 시녀를 통해 히폴뤼토스에게 드러낸 뜻을 요약하면 이렇다.

"……어머니 파시파에는 황소 때문에 천하의 손가락질을 면하지 못하더니, 언니 되는 아리아드네는 아버지를 배반하고 그대의 아버지 테세우스를 따라나서더니…… 이제 내가 또 이렇듯이 괴상한 생각에 쫓기니…… 히폴뤼토스여, 원컨대 아르테미스에 대한 사랑을 접고 나와 더불어 아프로디테 여신을 섬기기를……."

아르테미스 대신 아프로디테를 섬기자는 파이드라의 말이 심히 불온하다. 히폴뤼토스의 태도는 단호했다.

테세우스, 아리아드네, 그리고 파이드라
파이드라도 '부적절한 욕정'의 희생자였다. 17~18세기 이탈리아 화가 베네데토 제나리 2세의 그림.

"나는 더러운 말을 귀에 담고 싶지 않고 더러운 피로 대를 물리고 싶지 않다. 파시파에의 더러운 피가 크레타 왕국의 기둥뿌리를 뽑더니, 이제 그 피가 트로이젠으로 범람하는구나."

파이드라는, 히폴뤼토스의 야멸찬 말을 전해 들은 날 밤, 제 잠옷을 갈가리 찢어 알몸을 드러나게 한 뒤 테세우스 앞으로 한 장의 유서를 남기고 자결하니, 그 내용은 이러했다.

"……이 파이드라는 대왕의 아들로 인하여 오늘 이렇듯 잠옷을 갈가리 찢기는 욕을 당하고 세상을 하직하니, 대왕이시여, 바라건대 왕

비운의 파이드라
라신의 극 〈파이드라〉에서 파이드라를
연기하는 여배우 사라 베르나르.

이시여, 낮에는 아르테미스를 섬기고 밤에는 아프로디테를 섬기는 자를 경계하소서."

낮에는 아르테미스를 섬기고 밤에는 아프로디테를 섬기는 자를 경계하소서……. 한마디로 겉 다르고 속 다른 히폴뤼토스를 경계하라는 말이다.

테세우스가 이 유서를 읽고 있을 즈음, 히폴뤼토스는 파이드라와 한 지붕을 이고 있고 싶지가 않아 수레를 몰고 혼자서 트로이젠 해변을 달리고 있었다.

테세우스는 영웅이었지만 신은 아니었다. 그래서 그는 이미 세상을 떠난 파이드라의 의중意中까지는 읽을 수 없었다. 테세우스는 파이드라의 유서를 곧이곧대로 믿고 포세이돈 신에게, '패륜아' 히폴뤼토스의 목숨을 거두어달라고 빌었다. 히폴뤼토스는, 머리카락이 뱀처럼 살아 머리 위의 올리브 가지를 감는 바람에 한동안 공중에 떠 있다가 죽었다.

히폴뤼토스는 조심했어야 했다.

> 사랑해선 안 될 사람을 사랑하는 죄라서
> 말 못 하는 이 가슴은 이 밤도 울어야 하나…….

지금도 줄기차게 불리고 있는 노래다. 사랑해서는 안 될 사람을 사

히폴뤼토스의 죽음
죽음을 맞이하는 그리스의 호동왕자, 히폴뤼토스. 17세기 화가 페테르 파울 루벤스의 그림.

현대판 파이드라와 히폴뤼토스
젊은 계모와 전처의 아들 사이에 벌어지는 부적절한 관계를 그린 파이드라 모티프는 줄기차게 영화나 연극으로 재생산된다. 사진은 라신의 희곡 〈파이드라〉를 바탕으로 만든 동명의 영화.

랑하게 되어버렸다면 그것 참 난처하겠다. 사랑의 상대는 고를 수 있는 것이 아니에요……. 유부남과의 밀회로 나라를 떠들썩하게 했던 왕년의 한 여배우가 남긴 명언이다. 나는 '명언'이라는 말로써 여배우를 야유하고 있는 것이 아니다. 진짜 사랑은 '빠져버리는 것'이지 '고르는 것'이 아닐 터이다. 그 여배우, 진짜로 뭘 알고 있던 사람 같다.

왕비에게 히폴뤼토스는 '사랑해서는 안 될 사람'이었다. 이런 사랑의 상대는 '고른 사람'이 아니라 '빠진 사람'이다. 사랑해서는 안 되는 사람과의 사랑에서 파국의 예감이 올 경우 우리나라에서는 '운명의 장난'이라고 부른다. 고대 그리스에서는 '에로스의 장난'이라고 했다. '사랑해서는 안 될 사람'을 사랑한 왕비, 그 왕비의 사랑을 받은 히폴뤼토스의 결말을 보라. 비극적이다.

뷔블리스,
그대는 신이 아니잖아

튀르키예에는, 하늘의 별을 관찰하면서 걷다가 우물에 빠진 것으로 유명한 그리스 철학자 탈레스의 고향 밀레토스가 있다. 고대 그리스의 유서 깊은 도시다. 그리스의 육로는 북쪽으로만 열려 있지만 밀레토스는 광대한 고대 페르시아 쪽으로 열려 있었다. 기원전 6~7세기경, 밀레토스는 에게해 연안의, 가장 앞서가는 문화 도시였다. 그리스 쪽으로 닫혀 있는 대신 페르시아 쪽으로 열려 있었던 덕분에 밀레토스는 아시아의 철학을 흡수, 고대의 대표적인 철학 도시가 될 수 있었다.

이 밀레토스는 원래 도시 이름이 아니라 크레타 왕의 이름이다. 그는 아폴론의 아들이기도 했다. 황소 한 마리 때문에 '삼씨 오쟁이'를 지기는 했지만 한창때의 미노스는 이름만으로도 이웃 나라를 공포의 도가니로 몰아넣던 영웅이었다. 크레타 왕이었던 밀레토스는 미노스의 기세에 눌려 고향을 떠나 아시아 땅(지금의 튀르키예)으로 건너가 한 도시를 세우고 이 도시를 '밀레토스'라고 이름 지었다. 철학의 도시 밀레토스에는 다음과 같은 전설이 전해진다. 듣고 있노라면 가슴 한쪽으로 찬바람이 지나가는 것 같다.

밀레토스에는, 내리흐르기도 하고 치흐르기도 하는 마이안드로스 강이 있다. 강의 신에게는 아름다운 딸 퀴아네가 있었다. 퀴아네가 아름다운 강둑을 거닐다가, 새로 밀레토스의 왕이 된 밀레토스의 눈에 들었다. 이 둘이 정분을 맺고 쌍둥이 남매를 낳으니 이 쌍둥이 남매가 오라비인 카우노스와 누이인 뷔블리스다.

그런데 바로 이 뷔블리스가 세상 처녀들에게, 사랑해도 좋을 상대가 있고 사랑해서는 안 되는 상대가 있다는 사실을 가르쳐준다. 무슨 말이냐 하면, 처녀 뷔블리스가 제 오라비인 카우노스에게 품어서는 안 될 사랑의 마음을 품은 것이다. 그렇다. 뷔블리스는 오라비 카우노스를 대하되, 누이가 오라비를 대하는 그런 마음으로 대한 것이 아니고, 그 정도를 넘어 무슨 연인 대하듯이 한 것이다.

자기 마음에 깃들어 있는 감정이 어떤 것인지 뷔블로스는 처음에는 잘 알지 못했다. 뷔블리스도 오라비를 향한 사랑을 당연한 것으로 여기고 오라비에게 다정하게 입을 맞추거나 오라비의 목을 팔로 감아 안거나 했다. 뷔블리스는, 자신의 행동에 자연스럽지 못한 구석이 있다는 것을 알고도 꽤 오랫동안 저희가 오누이라는 것에 기대어 제가 하는 짓을 정당화했다. 그러나 이러는 동안 오라비에 대한 뷔블리스의 사랑은, 건강한 사랑의 궤도를 저만큼 벗어나고 있었다. 오라비를 만나야 할 때 가장 아름다운 옷으로 차려입는다거나, 오라비에게 예쁘게 보이려고 턱없이 애쓴다거나, 자기보다 예쁜 여자가 오라비 곁에 있으면 터무니없이 질투하는 지경에까지 이른 것이다. 뷔블리스는 이러면서도 자기가 무엇을 잘못하고 있는지 깨닫지 못했다. 이러한 상태는 뷔블리스가 제 느낌을 말로는 도저히 나타낼 수 없는 지경에까지 이르렀다. 뷔블리스의 욕망은 안으로 안으로 타들어갔다. 이 불길이 무섭다는 것을 우리는 잘 알고 있다.

사랑이 깊어지자 뷔블리스는, 자기와 카우노스가 오누이라는 것을 나타내는 '오라버니'라는 호칭 대신에, 장차 왕위에 오르게 될 왕자에게나 쓰는 '저하'라는 호칭을 더 즐겨 썼다. 뷔블리스는 카우노스가 자기를 '누이'라고 부르기보다는 '뷔블리스'라고 불러주는 것을 더 좋아하는 지경에까지 이르렀다.

뷔블리스는 깨어 있을 때면 곧잘 스스로 얼굴이 붉어질 만큼 탐욕스러운 상상을 하고는 했다. 하지만 잠이 들면 그보다 낯 뜨거운 꿈을 꾸었다. 뷔블리스는 제 오라버니의 품에 안긴 채로 잠든 자신의 모습을 상상하고는 꿈속에서도 자주 낯을 붉혔다. 어느 날 이런 잠에서 깨어난 뷔블리스는, 한동안 그대로 누운 채로 꿈에서 경험한 것을 되새겨보다가 푸념하기 시작했다.

"나같이 불쌍한 것이 세상에 또 있을까! 내가 어째서 이런 꿈을 꾸게 되는 것일까? 이 꿈이 뜻하는 바가 대체 무엇일까? 이런 꿈, 다시는 꾸지 않을 수는 없는 것일까? 나는 왜 이런 꿈을 꾸는 것일까? 그래, 내 오라버니가 남자들의 눈에도, 심지어는 오라버니를 좋게 보지 않으려는 남자들의 눈에도 절세의 미남으로 보이는 것은 사실이다.

나도 내 오라버니를 존경한다. 오라버니가 아니었더라면 내가 사랑해도 좋지 않았을까? 사랑의 상대로 삼을 수도 있지 않았을까? 오라버니가 아니었더라면 내 지아비가 될 수도 있었을 테지……. 그러나 나는 그분의 누이……. 이 무슨 운명의 장난이라는 말인가?

아니다. 깨어서는 그분이 내 지아비 되는 상상을 할 수 없으니, 잠들어 꿈에서나 지아비로 여긴들 어떠랴! 누가 내 꿈을 엿볼 것이며, 어느 누가, 내가 누리는 기쁨을 탓하랴! 오, 아프로디테 여신이시여, 다정하신 여신의 날개 달린 아드님이신 에로스 신이시여, 일찍이 누려보지 못한, 참으로 달콤한 순간순간이더이다. 잠들어 꿈을 꾸면 너울 벗은 욕망이 저를 사로잡아 그 뜨거움으로 저의 뼈마디를 녹이더이다. 저를 질투하여 밤은 서둘러 새고, 그래서 제 꿈은 짧기가 그지없어도 그 일만 생각하면 그 기억이 제 몸을 저리게 하나이다.

오, 카우노스 오라버니여, 내가 만일에 이름을 바꾸어 오라버니와 혼인한다면 아버님의 좋은 며느리가 될 수 있을 텐데요. 카우노스 오라버니여, 만일에 오라버니가 나와 혼인한다면 아버님의 좋은 사위가 될 수 있을 텐데요. 아, 신들이시여, 우리가 무엇이든 서로 나누게 하소서. 그러나 우리가 남매의 정을 나누어야 하는 것만은 거두어주소서. 아, 오라버니가 나보다 귀한 집에서 태어났더라면 차라리 좋았을 것을……. 같은 집안에서 태어났으니, 오라버니는 다른 여자를 아내로 맞아 아이들을 낳게 하실 테지요. 같은 부모 밑에서 태어났다는 그 이유 하나 때문에 나는 오라버니의 누이로 남아 있어야 할 테지요. 우리가 나누어 가진 것이 우리를 남남으로 나눌 테지요.

그런데 왜 나는 이런 꿈을 꾸는 것이지요? 아무런 소용도 없는 꿈은 왜 꾸는 것이지요? 아, 신들이시여, 이런 꿈은 이제 더 이상 꾸지 않게 하소서.

신들께서도 누이를 아내로 삼지 않으셨습니까? 한 어머니의 뱃속에서 태어났는데도 크로노스 신께서는 레아 여신을 아내로 맞으시지 않았습니까? 오케아노스 신께서는 테튀스 여신과 혼인하시지 않았습니까? 올림포스의 지배자인 제우스 신께서는 헤라 여신을 아내로 맞으시지 않았습니까? 하늘에는 하늘의 법도가 따로 있다고 하실 테지요? 하지만 하늘에 하늘의 법도가 따로 있고 땅에 땅의 법도가 따로 있다면, 하늘의 법도로 인간을 다스리려 하시는 것에 장차 무슨 뜻이 있겠습니까? 하오나, 바라건대 이 금단의 욕망을 저에게서 떠나게 하소서. 떠나게 하지 못하신다면 이 금단의 욕망에 굴복하기 전에 저를 죽이소서. 죽어 석관에 들면 제 오라비로 하여금 저의 시신에 입 맞추게 하소서. 하지만 이나마 우리 둘의 뜻이 맞지 않고는 이루어지지 못할 일이겠지요. 저 혼자만 바라는 일이라면, 오라비의 눈에는 더할 나위 없이 무서운 죄악으로 비칠 테지요. 하지만 아이올로스의 자식들은 제 누이들의 방을 신방 삼는 것을 망설이지 않았습니다. 바람의 신 아이올로스는 제 아들 여섯과 제 딸 여섯을 짝짓지 않았습니까?

내가 어떻게 이런 것을 다 알고 있지? 내가 왜 이런 예를 들고 있는 것이지? 내가 대체 어쩌려는 것이지? 안 된다, 안 된다, 이렇게 부정한 생각은 안 된다. 내 사랑은, 오라비에 대한 누이의 사랑을 넘어

오누이 간의 사랑

크로노스(앉은 이)와 레아(앞에 선 여성)도 오누이 부부다. 기원전 4세기의 돌을새김.

바다의 여신 테튀스

기원전 1세기에 제작된 유리병. 바다의 여신 테튀스의 상감이 아름답다. 테튀스는 오케아노스의 누이이자 아내다. 런던 대영박물관.

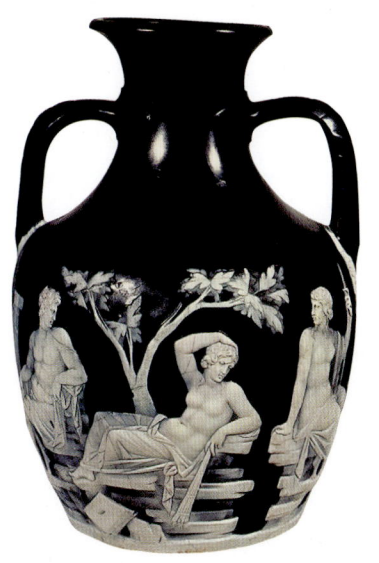

로마의 트레비 분수
백마를 몰고 있는 신이 바로, 포세이돈 이전에 바다를 다스리던 바다의 신 오케아노스다.

서서는 안 된다. 그렇지만 오라버니가 먼저, 전부터 나를 사랑하고 있었다면? 나는 아마 오라버니의 부정한 유혹에 넘어가고 말았을 테지. 그렇다면 왜 내가 먼저 내 뜻을 전하면 안 되는 거지? 저쪽에서 요구해왔을 경우 어차피 거절하지 못했을 터인데? 뷔블리스, 너는 네 입으로 이 말을 할 수 있겠느냐? 네가 고백할 수 있겠느냐? 할 수 있다. 사랑이 나를 물러서지 못하게 한다. 할 수 있을 것이다. 그래, 부끄러워 말을 못 한다면, 은밀하게 써서 이 뜻을 전하면 되는 것이다."

뷔블리스는 결심했다. 결심하고 보니 가슴을 짓누르는 온갖 의혹이 걷히면서 머리가 맑아지는 것 같았다. 뷔블리스는 옆으로 비스듬히 드러누워 왼손으로 머리를 괴고 다시 이렇게 중얼거렸다.

"그래, 결정은 오라버니에게 맡기자. 나로서는 가슴 태우는 이 욕망을 고백하는 수밖에 없다. 아, 나는 대체 어디로 가고 있는 것이냐? 이 가슴을 태우는 불길은 도대체 어떤 불길이라는 말이냐?"

뷔블리스는 편지의 사연을 짜고는 떨리는 손으로 적을 준비를 했다. 그래서 한 손에는 뼛조각, 한 손에는 밀랍 글판을 들고는, 긁어 쓰다가는 망설이고, 망설이다가는 또 긁어 쓰고는 했다. 긁어 쓰다가 잘못 쓰면 지우고는 다시 긁어 쓰고, 또 긁어 쓰다가는 제가 쓴 것이 부끄러워지면 글판을 놓기도 하고, 그래서는 될 일이 아니라는 생각이 들면 다시 글판을 잡고는 했다. 뷔블리스는, 어떻게 써야 할지 몰라 자주 망설였다. 그래서 써놓고도 자주 마음에 들지 않는지 짜증을 부렸다. 뷔블리스는, 표정으로 보아 부끄러워하면서도 대담하게 그 편지를 긁어 쓰는 것 같았다. 뷔블리스는 '그대의 누이'라고 썼다가는 마음에 들지 않았던지 그 부분의 밀랍을 긁어버리고는 고쳐서 다음과 같이 썼다.

"그대를 사랑하는 사람이 그대의 행복을 기도하면서 이 글월을 보냅니다. 이로써 그대는 행복해질지도 모르겠으나 이 기도를 하는 저는 그대가 나누어주지 않는 한 이 행복을 누리지 못할 것입니다. 이름을 밝히기는 참으로 부끄럽고도 부끄럽습니다. 그대에게 저의 소원을 이루어줄 의향이 없으시다면 이름을 알려고 하지 말아주세요. 적어도 제 기도가 이루어지기까지는 '뷔블리스'라는 저의 이름이 알려지지 않기를 바랍니다. 제가 그대로 인하여 고통을 받고 있다는 것을 알고 싶으시거든 창백한 저의 뺨과 여윈 저의 몸과 슬픔에 잠긴 저의 표정, 늘 눈물이 고여 있는 저의 눈을 보소서. 까닭 없이 나오는 저의 한숨도 이 고통을 증언하니 그대가 알 것이요, 턱없이 잦았던 포옹과 입맞춤도 누이가 할 수 있는 예사로운 포옹과 입맞춤과는 달랐으니 그대가 알 것입니다.

제 가슴의 상처가 비록 깊으나, 미친 욕망의 불길이 제 가슴속에서 비록 뜨겁게 타오르기는 하나, 신들께 맹세코 저는 힘을 다하여 싸웠습니다. 저의 마음을 온전히 가누자고, 에로스 신의 이 무자비한 공격을 피해보자고 저로서는 있는 힘을 다하여 싸웠습니다. 그대는, 여자가 어떻게 그같이 싸울 수 있겠느냐고 하시겠지만, 저는 저대로 그대가 상상할 수 없을 만큼 치열하게 싸우면서 버티어왔습니다. 그러나 저는 이제 이 싸움에서 패배를 인정하지 않을 수 없습니다. 그래서 그대의 도움을 구하지 않을 수 없게 되었습니다.

이제 그대만이, 그대를 사랑하는 저를 죽이거나 살리거나 할 수 있습니다. 그러니 어떻게 할 것인지 선택하소서. 그대의 사랑을 바라는 저, 이렇게 비는 저는 그대의 원수가 아니라, 그대와는 참으로 가까운 계집, 더할 나위 없이 가까워지기를 바라는 계집입니다. 이런 일이 일어나도 좋을 것인가, 이것은 죄악인가, 죄악이 아닌가……. 이런 걸 따지는 일은 어른들에게나 맡겨놓아야 할 일인 줄 압니다. 우리 세대에 어울리는 사랑은 점잔을 빼는 사랑이 아닙니다. 우리는 풍속이 허락하는 것이 어디까지인지 알지 못합니다. 우리는 그저 만사를 옳은 것으로 받아들이고 전능하신 신들이 보이신 본을 옳은 것으로 믿고 따르면 되는 것입니다.

엄격하신 아버지의 고집도, 세간 소문에 대한 두려움도, 가문의 명예도 우리의 사랑을 방해하지는 못할 것입니다. 만일에 우리 마음에 꺼리는 것이 있다면, 이 달콤한 금단의 사랑을 '오누이'라는 이름으로 가리면 되는 것입니다. 이렇게 되면 저는 사람들 앞에서도 그대와 자유로이 이야기를 나눌 수 있을 것이며 우리는 사람들 앞에서도 자유로이 포옹하고 입맞춤을 나눌 수 있을 터입니다. 이 밖에 우리에게 소중한 것이 무엇이 있겠습니까?

사랑을 고백하는 이 계집을 가엾게 여기소서. 사랑이 목말라 죽을 지경에 이르지 않았다면 이런 고백은 하지 않았을 것입니다. 이 사랑을 거절하면 저는 죽을 수밖에 없을 것인즉, 이렇게 죽은 저의 묘비에, 저를 죽음으로 몰아넣은 이의 이름으로 그대 이름이 새겨지는 일이 없게 하소서."

보내보아야 소용없을 이런 글귀를 글판에 가득하게 쓴 뷔블리스는, 더 이상 쓸 곳이 없게 되자 마지막 인사는 글판 가장자리의 빈 곳에다 썼다. 쓰기를 마친 뷔블리스는 인장 가락지를 눈물로 적시어 글판에다 찍었다. 침을 발라 찍어야 했으나 입이 말라 그럴 수 없었기 때문이다. 그러기가 부끄러웠으나 뷔블리스는 애써 태연한 얼굴을 하고 심부름하는 이 하나를 불러, 꾸민 목소리로 이렇게 말했다.

"나를 위하여 수고를 아끼지 않으니 고맙구나. 부디 이 편지를 전해다오, 나의……."

뷔블리스는 한참을 망설인 끝에야 이렇게 덧붙일 수 있었다.

"……오라버니께……."

뷔블리스가 심부름하는 이에게 글판을 건네주려는 찰나 글판은 뷔블리스의 손에서 미끄러져 바닥에 떨어졌다. 이 불길한 조짐이 뷔블리스를 불안하게 했다. 그러나 뷔블리스는 이런 조짐에 마음을 쓰지 않고 시종에게 글판을 주어 보냈다.

심부름하는 이가 적당한 때를 보아 카우노스에게 이 은밀한 편지를 전했다. 카우노스는 글판을 받아 겨우 몇 줄을 읽고는 벌써 그 뜻을 짐작하고, 치를 떨면서, 옆에서 부들부들 떨고 서 있는 심부름하는 이의 멱살을 잡고 호령했다.

"이따위 편지나 전하는 이 쓰레기 같은 놈, 도망칠 수 있을 때 도망치거라! 한주먹에 때려 죽이고 싶다만 너 같은 것을 죽여 내 명예를 더럽히고 싶지 않다."

심부름하는 이는 혼비백산 도망쳐, 안주인 뷔블리스에게 카우노스가 한 말을 그대로 전했다.

뷔블리스는 그제야 자기의 믿음이 조롱당한 것을 알고는 낯빛을 잃고 부들부들 떨었다. 그러다 제정신을 차린 뷔블로스는 들릴락 말락 하는 소리로 이렇게 중얼거렸다.

"내가 이렇게 조롱당해도 싸지! 어쩌자고 내 상처 난 가슴을 그분에게 보냈던가? 어쩌자고 속으로 가만히 앓아야 할 내 가슴의 병을

고대 그리스의, 뼈로 만든 글판 긁개

밀랍은 양초와 비슷하다. 나무판 위에 밀랍을 입힌 것이 밀랍 글판이다. 고대 그리스에서는 이를 긁어서 글씨를 썼는데, 오자가 나면 긁개 자루의 넓적한 부분으로 긁어내고 다시 썼다.

이다지도 경솔하게 사연으로 적어 보냈더란 말이냐? 먼저 내 속을 드러내고, 거절당해도 상처 입지 않도록 그분의 의중을 떠보았어야 했던 것을……. 먼저 돛으로 바람을 떠보고 바다로 나섰어야 하는 것을. 바람을 떠보지도 않은 채 돛을 올리고 바다로 나섰다가, 배가 돌섬을 들이받고 난파하는 바람에 바다 밑으로 가라앉고 만 것이 내 신세로구나. 돌이킬 수 없는 이 실수를 어쩔거나. 내가 글판을 건네줄 때 글판이 내 손에서 미끄러져 바닥에 떨어진 것은, 내 사랑을 드러내지 말라는 계시였거늘……. 글판이 떨어진 것은 내 희망도 그렇듯이 무참하게 깨어질 것을 미리 알리는 계시였던 것을……. 편지를 보내는 날짜를 바꾸든지, 편지 보내자는 생각을 아주 바꾸어야 했는데, 어쩌자고 하필이면 이날에 이 편지를 보냈을꼬. 신들이 나에게, 이런 일을 있을 것임을 경고했는데도 나는 제정신이 아니어서 이것을 알아보지 못했구나.

아니다, 아니다, 나는 편지를 보내는 대신 오라버니를 직접 만나

내 마음을 열어 보였어야 했다. 오라버니에게 내 눈물과 사랑이 담긴 얼굴을 보여주었더라면, 편지가 전할 수 있는 것 이상으로 깊은 뜻을 전할 수 있었을 게다. 오라버니가 내 뜻을 거절한다면, 그분의 목을 끌어안고, 내 애절한 뜻을 전하고 내 목숨 살려줄 것을 애걸할 수도 있었을 게다. 그분이 그래도 애절한 나의 뜻을 거절했다 해도, 갖은 수단을 다 쓴다면 목석같은 그분의 마음도 풀어놓을 수 있었을지도 모르지.

어쩌면 내가 보낸 심부름하는 이가 실수를 저질렀는지도 모르지. 어쩌면 오라버니에게 제대로 접근하지 못했는지도 모르고, 어쩌면 접근하는 시각을 제대로 고르지 못했는지도 모른다. 어쩌면 읽을 마음의 준비가 되어 있지 않은데 불쑥 편지를 내민 것인지도 모른다. 그래. 내가 이토록 참담한 지경에 이른 것도 다 그 때문인지도 모른다. 내 오라버니 카우노스는 사자의 자식이 아니다. 암사자 젖을 먹고 자란 것이 아니니 그 가슴이 목석일 리가 없다. 다시 한 번 나서 보아야겠구나. 내 숨이 붙어 있을 때 다시 나서서 이 사랑을 이루고야 말겠다. 이 정도에서 물러설 생각이었다면 처음부터 나서지도 않았을 나다. 기왕지사 이렇게 된 것, 가는 데까지 가보는 수밖에 없다. 내가 여기에서 포기한다면, 그분은 내가 지은 허물을 잊지 않으려 할 게다. 내가 여기에서 포기한다면, 그분은 내가 한 일을 철없는 계집의 종작없는 장난으로 알거나, 내가 자기를 시험했거나 자기를 덫에 옭아 넣으려 한 줄 알 게다. 나는 사랑의 신에 쫓기고 있는데도 그분은 내가 탐욕의 노예가 되어 이런 짓을 한 줄 알 게다.

그렇다고는 하나, 나에게 허물이 없는 것은 아니다. 나는 그분에게 편지를 보냈고, 그분에게 추파를 던졌다. 그리고 내가 먹은 마음도 떳떳한 것은 아니었다. 여기에서 물러선들 누가 나에게 죄 없다 하랴. 기왕지사 이렇게 된 것, 가는 데까지 밀고 나가보자. 이로써 내 희망이 이루어질 가능성이 커질 수는 있을지언정 내 죄가 이로써 더 무거워질 까닭이 있을까 보냐……."

뷔블리스의 독백은 여기에서 끝났다. 뷔블리스의 마음은 걷잡을 수 없이 설레고 있었다. 뷔블리스는 첫 번째 시도를 후회하면서도 두 번째 시도를 포기하려 하지 않았다. '절도'라는 미덕은 이미 뷔블리스에게 아무 의미도 없었다.

카우노스는 뷔블리스가 거절당할 줄을 알면서도 결코 포기하지 않으리라는 것을 알고 있었다. 카우노스는, 그냥 그대로 있으면 부끄러운 일을 당하리라고 생각하고는 고향을 떠나 타향 땅에다 나라를 세웠다.

카우노스가 고향 땅을 떠났다는 것을 안 뷔블리스는 제정신이 아니었던 것으로 전해진다. 실성한 뷔블리스는 제 옷을 찢고 제 가슴을 치며 애통해했다. 제정신이 아니었던 뷔블로스는 만나는 사람마다 붙잡고 자신이 금단의 욕망에 쫓겼던 사실을 고백하거나, 이미 그것을 아는 사람 앞에서는 제 잘못을 시인하고 확인했다. 절망한 뷔블리스는 제 나라 제 집을 떠나, 달아난 오라비를 찾으러 세상을 두루 돌아다녔다.

부바소스 여자들 눈에 띈 뷔블리스는, 흡사 디오뉘소스 신의 지팡이에 맞아 발광하여 3년 만에 한 번씩 제사를 올리며 미친 듯이 날뛰는 마에나드, 즉 디오뉘소스 광신도 같았다.

　오라비를 찾아서 온 세상을 떠돌던 뷔블리스는, 나무가 드문드문 서 있는 어느 숲에 쓰러졌다. 뷔블리스는, 머리카락은 마른 땅 위에 늘어뜨리고 얼굴은 낙엽에 댄 채 그렇게 쓰러져 있었다. 렐레게스 땅 요정들은 부드러운 손으로 뷔블리스를 일으켜 세우고자 했다. 일으켜 세우고는, 거기 쓰러지게 된 내력을 묻고, 그 아픔을 치료하고,

헤르메스 상 앞에서 날뛰는 광신도들
술의 신 디오뉘소스를 따르던 광신도 여성들은 술에 취하면 발광하는 것은 물론 곁에 있는 사람을 찢어 죽이는 일도 서슴지 않았다.

눈물의 샘이 되고 마는 뷔블리스
19세기 프랑스 화가 월리암 아돌프 부게로의 그림.

상처받은 가슴을 위로해주려고 했다. 그러나 뷔블리스의 귀에는 벌써 그들의 말소리가 들리지 않았다. 뷔블리스는 거기 쓰러진 채, 눈물로는 마른풀을 적시고 손톱으로는 하염없이 마른 땅을 긁고 있었다. 들리는 바에 따르면 렐레게스 요정들은, 끊임없이 흘러내리는 뷔블리스의 눈물을 위해 땅을 파서 눈물길을 내어주었다. 뷔블리스에게 이보다 나은 선물이 어디에 있었으랴? 소나무가 송진을 내어놓듯이, 서쪽에서 불어오는 바람의 신 제퓌로스의 부드러운 숨결이 돌아오면 얼어 있던 대지가 맑은 물 같은 역청을 내어놓듯이, 아폴론의 피를 받은 뷔블리스도 그렇게 눈물을 흘렸다. 뷔블리스는 이렇듯이 하염없이 눈물을 흘리다, 몸이 하나도 남김없이 눈물이 되어 흘러내린 바람에 그만 샘으로 변하고 말았다. 이름이 이 처녀의 이름과 같은 '뷔블리스 샘'은 지금도 그 산자락 계곡의 감탕나무 그늘에 있다고 한다.

스뮈르나의 기막힌 사랑

 옛날 먼 옛날, 퀴프로스섬의 임금 자리를 키뉘라스가 차지하고 있던 시절의 일이다. 키뉘라스는 아주 큰 부자였다. 트로이아 전쟁 당시 그리스 연합군 사령관 아가멤논왕에게 황금 가슴 가리개를 선물했을 정도였다.

 키뉘라스왕에게는 아주 참하게 생긴 딸이 있었다. 왕과 왕비 켄크레이스가 이 참한 딸을 사랑하는 것까지는 좋았는데 너무 사랑하여 사랑의 여신 아프로디테의 아름다움에 견주는 치명적인 실수를 했다. 부부가 딸을 어루만질 때마다 이런 미련한 소리를 했으니……

 "아프로디테 여신이 곱다 한들 설마 우리 스뮈르나만큼 고우랴."

 신들에 대하여 인간이 할 수 있는 짓거리 가운데 가장 미련한 것이 신들의 질투를 유발할 언사를 뱉는 짓이다. 하늘(신)에 죄를 얻으면 빌 데가 없다는 말은 그래서 나온 것일 게다. 아프로디테가 누구던가? 여신들과 여성들을 통틀어 명실공히 '미스 그리스'가 아니던가? 퀴프로스가 어떤 곳이던가? 바로 아프로디테가 피로를 느낄 때

아프로디테와 에로스
아들 에로스에게 사랑의 화살을 쏠 것을 명하는 아프로디테. 기원전 4세기의 거울. 베를린 고고학 박물관.

마다 찾아가던 아프로디테의 고향 아니던가?

 그 말을 엿듣는 순간, 아름답던 아프로디테의 눈이 도끼눈이 되었다. 아프로디테는 아들인 사랑의 신 에로스를 불렀다. 어머니가 아들에게 명령했다.

 "저 스뮈르나에게 화살 한 대를 쏘거라. 상대가 누구든, 처음 보는 남성을 견딜 수 없이 사랑하게 만들어라. 나머지는 내가 알아서 처리하마."

 스뮈르나가 에로스의 화살을 맞고 처음 본 남성은, 다름 아닌 아버지 키뉘라스왕이었다. 카우노스를 짝사랑하던 뷔블로스가 어떻게 되었던가? 비참하게 최후를 마치지 않던가? 아버지를 짝사랑하다니, 이거, 큰일 나지 않았는가? 큰일도 예사 큰일이 아니다. 스뮈르나의 상사병은 나날이 뼛속으로 깊어졌다. 상사병이라는 게 그렇다. 깊어지면 먹지도 못하고 잠들지도 못한다. 스뮈르나는 나날이 여위어 갔다. 견디다 못한 스뮈르나는 늙은 유모에게 고백했다.

당시, 아프로디테의 고향 퀴프로스는 풍기가 문란하기로 유명한 도시였다. 아프로디테 축제 날이 되면 설사 결혼한 여성일지라도 남편과 잠자리를 같이하지 않았다. 아프로디테 축제 날 여성들은 한 번도 본 적이 없는 나그네와 잠자리를 같이하면서도 그것을 아프로디테 여신의 뜻이라고 생각했다.

마침내 아프로디테 축제 날이 왔다. 유모가 키뉘라스왕에게 달려가 이렇게 말했다.

"임금님께 아주 홀딱 반한 처녀가 있습니다. 축제 날이 되면 임금님과 함께하게 해달라고 오래전부터 저에게 청을 넣었습니다. 용납해주십시오."

왕은 '처녀'라는 말이 마음에 걸리기는 했지만 별생각 없이 그러자고 했다. 축제 날 저녁, 키뉘라스왕은 유모가 건네주는 술을 조금도 사양하지 않고 모두 받아 마셨다. 그러고는 잠자리에 들었다.

그런데 그로부터 여러 달이 지나고부터 딸 스뮈르나의 배가 눈에 띄게 불러왔다. 딸의 몸속에서 아기가 자라고 있다는 것을 안 왕이 딸을 불러 물어보았다.

"너, 어떻게 된 것이냐? 아기의 아비가 대체 누구냐?"

그러자 딸 스뮈르나가 대답했다.

"······아기의 아버지가 곧 아기의 외조부 됩니다."

말귀를 알아먹은 왕은 창피하고 분한 김에 칼을 뽑아 딸을 찌르려 했다. 스뮈르나는 궁성을 빠져나와 바다 쪽으로 내달았다. 아버지와 딸은 오래 쫓고 쫓겼다. 하지만 오래지 않아 천 길 절벽이 스뮈르나의 발길을 멈추게 했다. 딸을 따라잡은 키뉘라스왕은 칼끝을 딸의 가슴에다 겨누었다. 아버지의 칼끝이 딸의 살갗에 닿으려는 찰나, 처음부터 이 광경을 내려다보고 있던 아프로디테는 처녀를 몰약나무(스뮈르나)로 변신하게 했다. 하지만 스뮈르나가 변신한 몰약나무는 나무둥치 안에다 아기를 품은 몰약나무였다.

'잃어버린 반쪽이'를 엉뚱한 곳에서 찾은 패륜아 스뮈르나의 기가

스뮈르나가 아버지에게 쫓기는 광경
몰약나무로 변한 스뮈르나의 몸속에서 아기를 꺼내는 장면이 도자기의 한 면에 함께 그려져 있다. 16세기 이탈리아 도예가 니콜라 다 우르비노의 〈스뮈르나 이야기〉. 에쿠앙 르네상스 국립 박물관.

막히는 이야기는 여기에서 끝난다. 스뮈르나는 '뮈라'라고 불리기도 한다. 호메로스의 고향으로도 유명한, 지금 튀르키예에서 세 번째로 큰 도시 '이즈미르'는 바로 '뮈라의 도시'라는 뜻이다.

이 이야기에도 풍성한 후일담이 있다. 아프로디테는 이 일이 있고 난 뒤에도 몰약나무 지켜보기를 게을리하지 않다가 때가 되자 껍질을 찢고 달이 덜 찬 아기를 꺼내었다. 아프로디테는 이 아기를 상자에 넣어 저승의 왕비 페르세포네에게 보내며 상자를 어두운 곳에 두

아도니스의 탄생
나무 줄기를 가르고 아도니스가 태어나는 장면. 티치아노의 그림.

판도라의 상자
호기심을 이기지 못하고 열어서는 안 되는 상자를 여는 판도라. 존 윌리엄 워터하우스의 그림.

프쉬케의 호기심
역시 호기심을 이기지 못하고 페르세포네의 상자를 열어보는 프쉬케. 존 윌리엄 워터하우스의 그림.

저승의 왕비 페르세포네
아프로디테가 보낸 상자를 몰래 열어보는 페르세포네.

되, 아무 달 아무 날이 되기까지는 절대로 열어서는 안 된다고 당부했다.

자, 페르세포네가 이 상자를 열어보겠는가, 안 열어보겠는가? 인류 최초의 여성이라는 판도라에게도 열어보아서는 안 되는 상자가 있었다. 판도라는 상자를 열었던가 안 열었던가? 아프로디테의 명을 받고 프쉬케가 저승으로 '아름다움'을 좀 얻으러 간 적이 있다. 페르세포네는 그때 그걸 상자에 넣어주면서 절대로 열어보아서는 안 된다고 했다. 프쉬케가 그 상자를 열었던가? 안 열었던가?

열어서는 안 된다는 상자는 반드시 열어보게 되어 있다. 신화의 금기는 깨지기 위해서 존재한다. 페르세포네가 상자를 열어보니 덜

자란 아기가 들어 있었다. 이 아기가 바로 뒷날 아프로디테의 사랑을 독차지하는 미남 청년 아도니스다.

그런데 이 이야기는 그리스적이라기보다는 히브리적이다. 몰약나무의 진을 방향제, 방부제, 진통제로 쓰는 것은 히브리 사람들이다. 페르세포네가 엿본 아기의 이름 '아도니스'도 '주님'을 뜻하는 히브리어 '아도나이'에서 온 말이라고 한다. 아버지에게 취하도록 술을 마시게 하고 딸이 그 잠자리에 드는 이야기도 히브리 사람들이 모압족, 암몬족의 기원을 설명하는 대목에, 은근히 이 두 종족을 상놈으로 모는 빌미로 등장한다. 구약성서 「창세기」 19장 30절부터 읽어본다.

> 롯은 소알에서 그 고장 사람들과 함께 사는 것이 두려워 두 딸을 데리고 소알에서 나와 산에 들어가 살게 되었다. 그는 두 딸과 함께 굴속에서 살았다. 하루는 언니가 아우에게 말하였다.
> "아버지는 늙어가고, 이 땅에는 우리가 세상의 풍속대로 시집갈 남자가 없구나. 그러니 아버지께 술을 취하도록 대접한 뒤에 우리가 아버지 자리에 들어 아버지의 씨라도 받도록 하자."
> 그날 밤 그들은 아버지께 술을 대접하고는 언니가 아버지 자리에 들었다. 그러나 아버지는 딸이 언제 들어왔다가 언제 일어나 나갔는지 통 몰랐다. 그 이튿날 언니가 아우에게 말했다.
> "간밤에는 내가 아버지 자리에 들었으니 오늘은 네 차례다. 아버지께 술을 대접하고 그 자리에 들어라. 같이 아버지의 씨를 받자."
> 그들은 그날 밤에도 아버지에게 술을 대접하고 이번에는 아우가 아버

아프로디테와 아도니스
사냥을 떠나는 아도니스를 만류하는 아프로디테를 그린 티치아노의 그림. 아프로디테와 아도니스 이야기는 많은 화가들의 소재가 되었다.

지 자리에 들었다. 그러나 아버지는 딸이 언제 들어왔다가 언제 일어나 나갔는지 통 몰랐다. 이리하여 롯의 두 딸은 아버지의 아이를 가지게 되었다. 큰딸은 아들을 낳고 이름을 '모압'이라 하였는데, 그의 후손이 오늘날의 모압인이다. 둘째 딸도 아기를 낳고는 이름을 '벤암미'라 하였는데, 그의 후손이 오늘날의 암몬인이다.

몰약나무에서 나온 아기 아도니스는 뒷날 아프로디테의 애인이

아도니스의 죽음을 애도하는 아프로디테와 에로스
죽음을 맞은 아도니스와 이를 슬퍼하는 아프로디테를 그린 네덜란드 화가 코르넬리스 홀스테인의 그림(위)과 벤저민 웨스트의 그림(아래). 아프로디테의 곁에서 에로스도 함께 애도하고 있다.

되었다. 틈만 나면 아프로디테와 잠자리를 같이하던 전쟁신 아레스에게 아도니스는 당연히 눈에 박힌 가시였을 것이다. 아도니스는 바로 이 아레스에게 죽임을 당했다. 아레스가 멧돼지로 둔갑, 사냥 나온 아도니스의 옆구리를 엄니로 찍어버린 것이다. 아프로디테는 죽은 아도니스를 불쌍하게 여겨서 아도니스의 피에 신들이 마시는 술 넥타르를 뿌려 꽃으로 피어나게 했다. 이 꽃이 바로 '아네모네', 즉 바람만 불면 꽃잎이 날리는 바람꽃이다. 아도니스가 그랬듯이, 이 바람꽃 또한 이 땅에 오래는 머물지 못한다.

죽은 아도니스의 피에서 피어나는 아네모네
아프로디테가 신들이 마시는 술 넥타르를 뿌리자 아도니스의 피에서 꽃이 피어나고 있다. 프랑스 화가 니콜라 푸생의 그림.

3장
'도마뱀'을 잡아라

GREEK
AND
ROMAN
MYTHOLOGY

휘아킨토스,
꽃으로 피어나다

　아폴론은 도마뱀을 노리는 모습으로 곧잘 그려지거나 새겨진다. 이렇게 그려지거나 새겨진 것에는 '아폴론 사우로크토노스', 즉 '도마뱀 사냥꾼 아폴론'이라는 제목이 붙는 경우가 많다. '도마뱀'은 과연 무엇인가? 아폴론이 죽인 뱀 퓌톤인가? 그럴 리 없다. 퓌톤은 '거대한 뱀'이었다. 잔챙이 도마뱀이었을 리 없다. 그렇다면 도마뱀은 과연 무엇인가? 고대 그리스어 '사우로스(도마뱀)'는 남성의 성기, 그중에서도 특히 청년의 성기를 뜻했다는 기록이 있다. 한스 리히트의 『그리스 성 풍속사』에 따르면 고대 그리스 노인들은 결혼을 기피하는 젊은 여성에게 이런 말을 하기도 했단다.

　"너를 향해 기어 오는 저 '도마뱀', 사라지기 전에 붙잡아두어라."

　제우스에게도 가뉘메데스라는 소년을 납치해서 사랑한 이력이 있기는 하다. 하지만 아폴론이 사랑한 소년이나 청년의 이름은 열 손가락으로도 다 꼽을 수 없다. 퀴니라스, 자킨토스, 포르바스, 휠라스, 아드메토스, 퀴파리소스, 이뮈클라스, 트로일로스……. 그중에서도

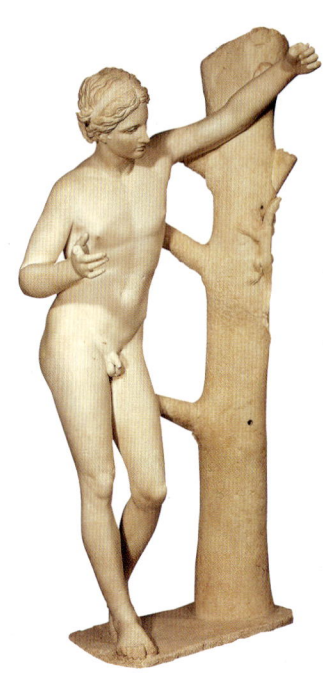

도마뱀을 노리는 아폴론
아폴론이 기대어 서 있는 나무에 도마뱀 한 마리가 붙어 있다. 파리 루브르 박물관.

아폴론의 가장 유명한 애인은 단연 휘아킨토스다.

 삶의 참모습을 두고 그것을 '삶의 진실'이라는 다른 이름으로 부르는 것은 가능하다. '내가 그리는 삶의 참모습'은 바로 '내 삶의 진실'일 수 있기 때문이다. 진실은 아름답다는데, 삶의 진실은 어떤가? 아름다운가?

독수리로 변신해 미소년 가뉘메데스를 납치하는 제우스
페테르 파울 루벤스의 그림.

    그것은 아름다운 것일 수 있다. 하지만 그것은 늘 아름답기만 한 것은 아니다. 진실은 우리 손가락을 쏨벅 베어버리는 칼날 같다. 진실이란 참으로 무시무시한 것이다. 육안으로는 진실을 보아내는 것이 얼마나 어려운 일인지 고대 신화는 꾸준하게 우리를 가르친다.

    오르페우스는, 죽은 아내를 찾아 저승으로 내려갔던 신화 세계의 명가수다. 저승의 왕은, 그의 아내 에우뤼디케를 데리고 가되, 날빛 비치는 곳에 이르기까지 절대로 아내의 모습을 보아서는 안 된다고 했다. 금기였다. 하지만 금기는 깨지기 위해서 존재한다. 깨지지 않는 것은 금기가 아니다. 오르페우스는 이승으로 다 나오기도 전에, 아내

오르페우스가 돌아본 순간 다시 저승으로 떨어지는 에우뤼디케
오르페우스가 돌아다본 것은 에우뤼디케의 진실이 아니었을까? 19세기의 석판화.

가 하도 보고 싶어서, 너무나 보고 싶어서, 담배씨만큼이라도 보고 싶어서 뒤를 돌아다보았다. 금기를 깨뜨린 것이다. 어떻게 되었던가? 에우뤼디케는 다시 저승으로 떨어졌다. 어째서 그렇게 되었을까?

일본 신화에서 그 단서를 찾아본다.

남신 이자나기는 먼저 저승으로 간 아내인 이자나미 여신이 보고 싶었다. 그래서 저승으로 내려갔다. 남신이 말했다.

"내 누이여, 내 아내 여신이여, 우리의 나라 만들기는 아직 마무리 되지 않았소. 돌아갑시다."

그러자 여신이 대답했다.

"아깝군요. 조금만 더 일찍 오셨으면 좋았을 것을. 저는 벌써 저승 음식을 먹고 말았습니다. 돌아가는 문제에 대해서는 저승신과 의논해보아야겠습니다. 그동안 나의 모습을 절대로 보시면 안 됩니다."

그런데 남신은 아내인 여신이 너무 보고 싶어서 빗살에 불을 붙여 들고는 여신을 보았다. 여신의 몸에는 구더기가 소리를 내면서 들끓고 있었다. 남신이 이것을 보고는 기겁을 하며 도망쳤다.

'구더기가 소리를 내면서 들끓고 있는 여신', 나는 이것이 바로 진실의 본모습이라고 생각한다. 오르페우스가 그랬듯이, 이자나기가 그랬듯이 우리는 육안으로 '죽음의 진실'에 직면할 수 없다. 진실은 아름답지 않을 수도 있다.

사랑의 진실을 두고도 비슷한 말을 할 수 있다. 사랑의 참모습을 두고 그것을 '사랑의 진실'이라는 다른 이름으로 부르는 것은 가능하다. '내가 그리는 사랑의 참모습'은 바로 '내 사랑의 진실'일 수 있기 때문이다. 진실은 아름답다는데, 사랑의 진실은 어떤가? 아름다운가?

다시 한 번 쓴다. 그것은 아름다운 것일 수 있다. 하지만 그것은 늘 아름답기만 한 것은 아니다. 진실은 우리 손가락을 쏨벅 베어버리는 칼날 같다.

이 세상에는 이성에게는 전혀 사랑을 느끼지 못하는 사람들이 있다. 동성에게 접근해야 비로소 사랑을 느끼는 사람들이 있다. 우리가 '호모섹슈얼'이라고 부르는 동성애꾼 남성들, '레즈비언'이라고 부르는 동성애꾼 여성들이 바로 이들이다. 이들에게는 그것이 사랑의 진실이다. 이들에게 그 사랑의 진실은 아름다울 수 있다. 하지만 이성에게만 사랑을 느끼는, 우리가 '정상적 인간'으로 여기는 '헤테로섹슈얼'에게도 그것은 아름답게 보일 수 있는가? 그것은 아름답게 보이기 어렵다. 풍습이 상식의 이름으로 그것을 죄악이라고 부르는 횡포를 자행해온 것은 어제오늘의 일이 아니다.

아리스토파네스의 말을 다시 한 번 상기하자.

"……그런데 말이지요…… 남성에서 갈려 나온 남성 반쪽이들은 다른 여성 반쪽이들에게 관심이 없어요. 남성이면서도 남성을 좋아하는 남성 반쪽이들이 바로 이들이지요……."

사람들 중에는 '잃어버린 반쪽이'를 동성에게서 찾으려는 사람도 있을 수 있다. 이것이 바로 우리 안에 숨어서 흐르는 강, 우리 안에 숨어 있는, 대면하기 매우 껄끄러운 진실이다. 나는 동성애꾼들을 찬양하고 있는 것이 아니다. 그들에 대한 부당한 박해를 가로막고자 할 뿐이다. 신화는 '잃어버린 반쪽이 찾기'가 진화해온 역사의 기록일 수도 있다고 나는 믿는다. '너 자신을 알라'는 말은 '너 자신이 인간이라는 것을 알라'는 뜻이라고 나는 믿는다.

그러나 그리스 신화에 등장하는 '동성의 사랑'은 우리가 함부로 '호모섹슈얼' 혹은 '남색'이라고 부르는 것과는 달라도 많이 다르다. 고대 그리스어 '파이도필리아'라는 말은 더러 '남색'으로 번역되기도 하지만 이것은 '파이스(청년)'에 대한 '필리아(사랑)'일 뿐, 우리가 짐작하는 것만큼 추악한 말은 아니다. 그리스 남성들은 청소년의 영혼과 육체를 이해하고, 청소년들의 열려 있는 육체에 고귀한 영혼을 불어넣어 이상적인 시민으로 만들어 나가는 희망을 실현했는데 이것이 곧 '파이도필리아'였다. 파이도필리아의 원조 가운데 하나라고 할 수 있는 아폴론이 그리스 남성들이 이상적으로 생각하던 몸매로 새겨지거나 그려진 것은 이 때문이었다.

미국 작가 토머스 불핀치는 아폴론과 휘아킨토스 이야기를 다음과 같이 들려준다.

아폴론은 휘아킨토스라는 청년을 유별나게 사랑했다. 아폴론은 이런저런 운동을 하러 다닐 때도 이 청년을 데리고 다녔다. 고기 잡으러 갈 때는 이 청년에게 그물을 들게 했고, 사냥하러 갈 때는 청년에게 사냥개를 몰게 했다. 심지어는 산으로 소풍을 갈 때도 이 청년을 뒤따르게 했다. 아폴론은 이 청년 때문에 그 잘 켜던 수금이나 그 잘 쏘던 활 같은 것도 돌아다보지 않았던 것이다.
어느 날, 이 둘은 원반던지기를 했다. 아폴론은 원반을 들고 머리 위로 한 바퀴 돌리고는 멀리 던졌다. 휘아킨토스는 원반이 날아오는 걸 보고 있다가 자신도 모르게 흥분하고 말았다. 그는 아폴론이 던진 원반을 받으려고 달려 나갔다. 자기도 빨리 던져보고 싶었기 때

성인 남성과 소년의 사랑
고대 그리스의 접시 그림. 런던 애시몰린 박물관.

문이었다. 그러나 땅에 떨어진 원반은 되튀어 휘아킨토스의 이마를 때리고 말았다. 휘아킨토스는 정신을 잃고 쓰러졌다.

아폴론은 휘아킨토스만큼이나 창백해진 얼굴로 청년을 끌어안고는 상처에서 흐르는 피를 멎게 해보려고 애쓰는 한편, 청년의 몸을 떠나는 생명을 붙잡아 들이기 위해 이 수단 저 방법을 다 써보았다. 그러나 하릴없는 일이었다. 휘아킨토스의 상처는 약초로도 고칠 수 없을 정도로 깊었다. 뜰에 핀 백합을 꺾으면 곧 줄기가 시들고 꽃송이가 지면을 향해 고개를 꺾듯이, 빈사 상태의 청년 휘아킨토스의 머리도 도저히 제 무게를 견딜 수 없다는 듯이 한쪽 어깨 위로 꺾였다. 아폴론이 부르짖었다.

"오, 휘아킨토스, 너는 나로 인하여 청춘을 빼앗기고 죽어가는구나. 네가 얻은 것은 고통이요, 내가 얻은 것은 죄악이구나. 너 대신 내가 죽을 수만 있다면…… 그리 될 수만 있다면 얼마나 좋으랴. 그러나 그럴 수 없는 일이니, 내 너를 추억과 노래 안에서 나와 함께 살게 하리. 내 수금으로 하여 너를 칭송하게 하고, 내 노래로 하여 네 운명을 읊게 하리. 그리고 너로 하여금 내 탄식을 아로새긴 꽃이 되게 하리."

아폴론이 이런 말을 하고 있을 동안 놀랍게도, 그때까지 땅바닥을 흘러 풀줄기를 물들이던 피는 어느새 한곳에 고여 튀로스산産 물감

휘아킨토스의 주검을 끌어안은 아폴론
프랑스 화가 장 브로크의 그림. 푸아티에 생트크루아 박물관.

3장 '도마뱀'을 잡아라 135

비탄에 잠긴 아폴론
월계관을 쓴 아폴론이 애통해하고 있고, 휘아킨토스의 왼손 아래 히아신스가 피어오르고 있다. 18세기 이탈리아 화가 조반니 바티스타 티에폴로의 〈휘아킨토스의 죽음〉.

으로 물들인 옷보다 더 색깔이 아름다운 꽃이 되었다. 이 꽃은 백합과 흡사하나, 백합은 은백색인 데 비해 이 꽃은 자주색인 것이 다르다.

포이보스 아폴론은 이것만으로는 성에 차지 않았는지 이 꽃을 명예롭게 하기 위해 자기의 탄식을 아로새겼다. 오늘날에도 우리가 익히 보아왔듯이 이 꽃의 꽃잎에는 '아이 아이$_{ai\,ai}$', 즉 아폴론이 탄식하는 소리가 글자로 새겨져 있다. 이 꽃은 '휘아킨토스(히아신스)'라고 불리는데, 해마다 봄이면 피어나 이 청년의 슬픈 운명을 우리에게 전하고 있다.

일설에 따르면, 서쪽에서 불어오는 바람의 신 제퓌로스가 휘아킨토스를 좋아했는데, 청년이 아폴론 뒤만 따라다니는 것을 보고 골이 난 나머지 원반을 엉뚱한 방향으로 날게 하여 휘아킨토스에게 맞게 했다고 한다.

아폴론은 그 괄괄한 성미 때문에 세 차례나 인간 세상에서 귀양살이를 한 전력이 있다. 그가 몇 차례에 걸쳐 소년을 사랑한 것은 주로 이 귀양살이 동안 이루어진 일이다.

아폴론은 튀리아라고 하는 처녀를 사랑한 적이 있다. 둘 사이에서 아들이 태어났다. 아들 이름은 '퀴크노스'라고 지었다. 아들은 무럭무럭 자라났다. 그런데 아버지인 아폴론이 이 아들에게 이상한 눈치를 보였다. 아들을 파이도필리아의 상대로 보려 하기 시작한 것이다. '보려 하기 시작'했는데 퀴크노스가 자살했을 리 없다. 따라서 아폴론은 제 아들에게 이상한 짓을 한 것임이 분명하다. 제 잘못으로 비롯된 일이 아닌데도 퀴크노스는 하늘 올려다보고 땅 내려다보기가 부끄럽다며 카노포스 호수에 몸을 던져 스스로 목숨을 끊었다. 아폴론은 아들의 죽음이 민망해서 퀴크노스를 백조로 환생하게 했다. '백조'를 뜻하는 영어 '시그너스$_{cygnus}$'는 '퀴크노스'의 이름에서 온 말이다.

뿐만 아니다. 아폴론은 보이오티아 땅에서 귀양살이할 때 그 지방 명문자제인 미소년 퀴파리소스를 가까이 한 일이 있다. 퀴파리소스는 아폴론과 더불어 풀밭에서 하는 창던지기와 사슴 기르기를 특히 좋아했다.

몹시 더운 어느 여름날 아폴론과의 창던지기에 정신이 팔려 있던 퀴파리소스는 제가 기르던 암사슴이 샘으로 물 마시러 가는 걸 보고는 산짐승으로 잘못 알고 창을 던졌다. 아폴론에게서 배운 투창 솜씨가 어디 가랴. 사슴은 그 자리에서 피를 토하고 숨을 거두었다.

퀴파리소스는 제 손으로 저지른 허물을 한탄하다 숨을 거둔 뒤 한 그루 퀴파리소스(삼나무)로 변했다. 아폴론이 소년을 늘푸른나무로 변하게 한 것이다. '삼나무'를 뜻하는 영어의 '사이프러스$_{cypress}$'는 '퀴파리소스'의 이름에서 온 말이다.

우연의 일치일까? 삼나무를 즐겨 그리던 화가 빈센트 반 고흐는 동성애 쪽으로 가파른 기울기를 보였다는 혐의에서 자유롭지 못하다. '백조의 호수'에 집착을 보이던 음악가 표트르 차이콥스키는 누나의 아들 다비도프에게 깊은 사랑을 느꼈다고 클라우스 만은 『소설 차이콥스키 Pathetic Symphony』에다 쓰고 있다. 『인형의 집』으로 유명한 헨리크 입센도 그런 쪽으로 기울어 있는 사람이었다. 입센을 만난 자리에서 차이콥스키가 한 말이 가슴을 아프게 한다.

"우리는 슬픔을 바닥까지 아는 사람들이오."

이야기를 그리스로 되돌리자. 고대 그리스는 철저한 남성 중심 문화가 지배하는 사회였다. 연장자에게 청소년을 유혹하여 가까이 두고 가르치는 것은 쾌락의 추구라기보다는 의무에 가까운 것이었다. '파이도필리아'는 연장자가 청소년의 친구이자 후견자를 겸해야 하는 일종의 교육 제도 같은 것에 가까웠다. 스파르타인들의 경우, 연장자가 한두 청소년을 이끌어주기를 거절하거나, 우정을 통하여 명예로운 길로 인도하지 못하는 것은 남성의 의무를 기피하는 것으로 여겨졌다. 그 경우 사랑의 대상이 된 청소년의 명예는 곧 후견자의 명예, 청소년의 불명예는 곧 후견자의 불명예였다.

알키비아데스는 기원전 4세기의 아테나이 정치와 군사를 주무르던 정치가이자 군인이다. 하지만 그는 정치적, 군사적 업적보다는 교묘한 말장난(점잖게 불러주자면 '수사학')과 철학자 소크라테스와의, 우정보다는 애정에 더 가까운 '기이한 사랑'으로 더욱 유명한 사람이다.

청년 시절의 알키비아데스는 유명 인사들의 꽃이었다. 많은 유명 인사가 청년 알키비아데스의 아름다운 육체를 찬양했지만 스무 살

연상의 철학자 소크라테스는 알키비아데스가 태어나면서 부여받은 뛰어난 덕성과 소양을 사랑했다. 알키비아데스에 대한 소크라테스의 사랑은 '에로스', 즉 육체적인 사랑이 아니라 뒷날 '플라토니즘'이라고 불리게 되는 정신적 연애 감정이다. 소크라테스는 이것을 '안테로스', 즉 '반反에로스적 사랑'이라고 불렀다. 소크라테스가 알키비아데스에게 보이는 이러한 태도를 두고 스토아학파에 속하는 클레안테스가 조롱한 말이 있다.

"뭇 유명 인사가 알키비아데스의 사지四肢를 주무르고 있을 동안 소크라테스는 알키비아데스의 귀를 잡고 놀았다."

아리스토파네스는 희극 『구름』에서 같은 방법으로 소크라테스를 놀려먹는다. 하지만 문제의 작품에, 소크라테스가 관능적 파이도필리아에 탐닉했음을 암시하는 말은 한마디도 없다. 소크라테스는 청년의 아름다움에 대한 열린 시각의 소유자였다. 그는 청소년의 영혼을 조련하여 이상적인 세계로 인도하는 탁월한 기술의 소유자였다. 고대 그리스의 중년 남성들에게 '청소년 사랑하기'는 '이제는 잃어버린 아름다운 옛 모습 사랑하기', '이상적인 아름다움으로 한 발 더 다가서기'였다.

'남색'이라고 함부로 말할 일이 아니다.

4장
레스보스섬 사람들

GREEK
AND
ROMAN
MYTHOLOGY

사포를 변호함

　사상 처음으로 공상과학 소설을 쓴 작가는 누구일까? 기원전 2세기 시리아 태생의 그리스 풍자 산문작가 루키아노스가 꼽힌다. 그의 작품『루키아노스의 진실한 이야기』는, 태풍에 날려 달세계로 간 50명의 선원이 경험하는 기상천외의 전투 경험담을 내용으로 한 소설이다. 불행히도 머리말에는 '몽땅 공갈'이라는 단서가 붙어 있다.『헤타이라의 대화 Lucian's Dialogues of the Courtesans』도 그가 쓴 책이다. '헤타이라'는 고대 그리스 시대의 고급 매춘부로, 해석하자면 '질이 덜 좋은 여자'라는 뜻과 매우 가깝다. 두 여성, 즉 클로나리온과 레아이아나가 나누는 대화가 불온하다.

클로나리온　레아이아나, 이상한 소문을 들었는데 사실이야? 레스보스 출신의 돈 많은 여자 메길라가 너에게 남자처럼 굴었다며? 뻔히 알면서 그 집에서 잤다며? 얼굴이 빨개지네? 그럼 그게 사실이야?

레아이아나	사실이야. 말하기 부끄럽지만, 정말 색다른 경험이더라.
클로나리온	데메테르 여신의 이름으로 묻는다. 너 그게 무슨 뜻이냐? 그 여자가 너에게 바란 게 뭐야? 도대체 무슨 짓을 한 거야? 말 안 할 거야? 친구 좋다는 게 뭐야?
레아이아나	너는 내 친구야. 어느 누구보다 가까운 내 친구. 하지만 무슨 말을 해? 그 여자, 정말 굉장했다는 말밖에.
클로나리온	알다가도 모르겠다. 너 '트리바스'냐? 레스보스섬에는 '트리바스'가 많다며? 트리바스들은 남자랑 자기보다는 여자랑 자는 걸 더 좋아한다며?
레아이아나	메길라가 그런 것 같았어.
클로나리온	어디 좀 들어보자.
레아이아나	메길라와, 코린토스 여자 디모나싸의 저녁 초대를 받았었어. 자리가 길어지고 술기운이 돌자 메길라가 그러는 거야. 잠자리에 들어야 할 시각인데, 자기네들과 같이 자자고. 둘 사이에 재워주겠다고.
클로나리온	그래서 거기에서 잤니? 그래서 어떻게 된 거야?
레아이아나	남자처럼 입을 맞추더라고. 조금 있으려니까 메길라가 가발을 훌렁 벗는데…… 빡빡이더라고. 건장한 운동선수 같았어. 겁이 나더라고. 내게 묻더라. 레아이아나, 너 이렇게 멋진 청년을 본 적 있어? 하고. 내가 반문했지. 메길라, 여기 청년이 어디 있어? 그랬더니 글쎄, 내 이름을 여성형으로 부르지 마, 나는 '메길로스'야. 디모나싸와 결혼

한 메길로스야, 이러는 거야. 웃지 않고 무슨 수로 배겨? 내가 물었지. 메길라, 너에게 남자에게 있는 게 있어? 디모나싸에게 네 의무를 다할 자신이 있어? 그랬더니, 없지만 있을 필요도 없어 하는 거야. 그래서 내가 또, 너 헤르마프로디토스냐 하고 물었지. 아니지만, 이리 와 봐, 내 말이 사실인지 아닌지 보여줄 테니까, 이러는 거야. 하도 조르기에 가까이 다가가 보았지.

클로나리온 그랬더니? 궁금하다, 빨리 얘기해.

레아이아나 더 이상 묻지 마. 약간 역겨우니까. 아프로디테 여신의 이름에 걸고 맹세코, 더 이상은 말 못 해.

여성의 동성애에 대해 플루타르코스는 이렇게 쓰고 있다.
 "그리스의 모든 도시국가에서 그랬듯이 스파르타에서도 동성애는 허물이 아니었다. 덕망 있는 부인이 소녀에게 사랑을 고백하는 것도 부끄러운 일이 아니었다."

여성의 동성애는 원래 레스보스섬_{Lesbos Island} 풍속이었던 것으로 전해진다. 동성애에 탐닉하는 여성들을 '레즈비언_{lesbian}', 즉 '레스보스섬 여자들'이라고 부르는 것은 이 때문이다. 그리스의 에게해 동부, 튀르키예 해안 가까이에 있는 이 섬은 위대한 시인 사포의 고향이기도 하다. 그래서 사포도 레즈비언 혐의를 받고 있다. '레즈비언'을 뜻하는 고대 그리스어 '트리바스'는 동사 '트리보'에서 온 말이다. '문지르다_{rub}'라는 뜻이다.

시를 낭독하는 사포
기원전 5세기 고대 그리스의 항아리. 아테네 국립 고고학 박물관.

    사포는 기원전 7세기에 활약하던 시인이다. 작품 중 남은 것은 얼마 되지 않지만 이 시인의 시적 재능을 엿보기엔 그것만으로도 충분하다. 플라톤은 사포를 이렇게 노래하고 있다.

> 무사이(뮤즈들)는 모두 해서 아홉이라고 하는데
> 혹자는 아니란다.
> 열 번째가 있단다. 보라,
> 레스보스 여성 사포란다.

    '열 번째 무사이(뮤즈)'로 극찬받던 시인 사포는 시에다 썼듯이 무사이들을 연상시키는 처녀들을 열렬히 사랑했다. 사포는 여성이었다. 더구나 레스보스섬 출신 여성이었다. 그는 사람들에게 자신의 이름을 레스보스섬 사투리인 '프사포'로 불러줄 것을 원할 정도로 레스보스섬을 사랑했다. 게다가 그는 다른 여성들을 열렬히 사랑했다. 사포의 주위에는 시를 배우려는 여성, 음악을 배우려는 여성들이 들끓었다. 남성들이 사포를 '레스보스섬 여자'로 보려 했던 것은 당연하다. 하지만 사포가 '레스보스섬 여자'였다는 증거는 어디에도 없다.

사포는, 처녀들을 육체적으로 사랑했다기보다는 아무래도 상대적으로 지위가 열악했던 그들을 계몽하려 했던 것 같다. 남성들이 사포를 비난한 것은 당연하다. 남성들이 비난한 것은 사포가 드러내었을 가능성이 있는 충동적인 성적 욕망이 아니었다. 남성들은 오히려,

사포와 알카이오스
레스보스섬 출신의 서정시인 알카이오스는 사포와 연인이었던 것으로 추정된다. 기원전 5세기의 혼주기(포도주 섞는 그릇)에 그려진 그림. 뮌헨 국립 고대미술 박물관.

4장 레스보스섬 사람들 147

책과 펜을 든 여인의 초상(흔히 사포로 일컬어짐)
그림 속 여인은 흔히 '사포'로 일컬어지지만, 실제로는 폼페이 귀족 가문의 여인으로 추정된다. 폼페이에서 발견된 프레스코 벽화.

인간 본성의 바닥에 가라앉아 있는 내면을 솔직하게 드러냄으로써 여성을 가정의 속박에서 해방시키려는 사포의 의도를 두려워했다. 남성은 이로써 남성을 지키고자 했다. 사포는 여성 동성애자였다기보다는 최초로 여성해방운동을 시도한 고대의 여성 같다.

사포는 파온이라는 미남 청년을 열렬히 사랑했으나 결국 이 청년의 마음을 얻지 못해 레우카디아의 절벽에서 몸을 던져 자살한 것으로 전해진다. 하지만 이것도 남성들에 의해 조작된 전설이기가 쉽다. 남성들은, 사포가 맞은 최후의 자리에나마 남성을 세워놓고 싶었는지도 모른다.

사포가 '레스보스섬 여자'였다고 하더라도, 이것으로써 사포를 비난하는 근거로 삼을 수는 없다. 사포는 신이 아니라 인간이었다. 여성인 사포가 여성에게서 '잃어버린 반쪽이'를 찾으려 했다는 전설이 사실이라고 하더라도 우리가 그를 비난하자면 아폴론을 한번 떠올

플라톤이 열 번째 무사이라 불렀던 시인
벼랑에서 바다로 몸을 던지는 사포. 그녀는 최초의 여성해방운동가가 아니었을까? 18~19세기 프랑스 화가 앙투안 장 그로의 그림.

려본 뒤에 비난해야 한다. 아폴론은 시詩의 신이었다. 음악의 신이었다. 사포 역시 시인이었다. 음악가였다. 예술이란 그런 것이다. 더 아름답기 위해서는 예술가가 범하지 못할 법칙은 없는 것이다.

5장
오이디푸스, '너 자신을 알라!'

GREEK
AND
ROMAN
MYTHOLOGY

오이디푸스 이야기

"'콤플렉스'가 무슨 뜻인가요?"

이런 질문을 받으면 어떻게 대답하겠는가? 콤플렉스……, 우리가 자주 쓰는 말이다. 키 작은 것에 대한 콤플렉스, 못생긴 것에 대한 콤플렉스, 가난에 대한 콤플렉스, 가방끈 짧은 것에 대한 콤플렉스……. '화이트 콤플렉스'라는 말도 있다. '백인에 대한 콤플렉스'라는 뜻이겠다. 콤플렉스란 과연 무엇인가?

"'종합 운동장'이라는 뜻이지."

이렇게 대답한 사람이 있다고 하자. 엉뚱한 대답이지만 아주 틀린 것은 아니다. 실제로 미국에서는 종합 운동장을 '콤플렉스 아레나'라고 부르기도 한다. 서울의 잠실에 있는 종합 경기장의 영어 이름도 '잠실 스포츠 콤플렉스'다. 종합 운동장이란 어떤 곳인가? 여러 가지 경기가 종합적으로 치러지는 곳이다. 축구장 하면 우리는 드넓은 잔디밭과 그 위에 그어진 거대한 직사각형과 두 개의 골대를 상상한다. 야구장 하면 포수(캐처)를 중심으로 펼쳐진 다이아몬드꼴 경기장을 생각한다. 수영 경기장에는 물이 가득 들어찬 풀장이 있어야 한다. 육상 경기장에는 트랙이 있어야 한다. 그런데 종합 경기장에는 이 모든 것이 갖추어져 있다. 그래서 종합 운동장(경기장)은 '복합적'이다. 그래서 종합 운동장에 들어가 본 사람은, 그것 참 복잡하네, 이런 느낌을 받을 것이다.

'콤플렉스'라는 말은 '서로$_{com}$ 꼬여 있다$_{plait}$'는 뜻을 지닌다. 서로 꼬여 있기 때문에 한 가지로 똑 부러지게 설명하기 어렵다. 정신분석학은 '콤플렉스'를 '마음의 내용물 속에 서로 꼬여 있는, 억압된 생각과 욕구의 덩어리'라고 설명한다. 역시 어렵다. '강박관념'이라는 설명도 있다. '공포증'이라는 설명도 있다. 모두 그럴듯한 설명이기는 하지만 어느 한 가지 의미에만 갇히지 않는 말이 바로 '콤플렉스'다. '심리 착종'이라는 우리말이 있지만 대개의 경우 '콤플렉스'라는 말로 통용되는 까닭이 여기에 있다.

오이디푸스 콤플렉스, 엘렉트라 콤플렉스…… 이런 말을 들어본 적이 있을 것이다. 들어본 적이 없는 독자는 곧 자주 듣게 될 것이다. '오이디푸스 콤플렉스'라는 말은 오이디푸스 이야기와, '엘렉트라 콤플렉스'라는 말은 엘렉트라 이야기와 그 뿌리를 함께한다. 오이디푸스 이야기는 고대 그리스의 비극 작가 소포클레스의 희곡 『오이디푸스왕』에 실려 전해지고 있다. 하지만 희곡에 실려 있는 연극 대사를 읽으면서 그 서사 줄거리를 따라잡기란 여간 어려운 일이 아니다. 그 이야기를 풀어서 읽어본다.

테바이 왕 라브다코스가 세상을 떠났을 때 왕위를 이을 왕자 라이오스는 겨우 한 살이었다. 라이오스는 왕위에 오르지 못했다. 대신 외조부인 뤼코스가 나라를 다스렸다. 라이오스는 왕위에 오를 나이가 되어서도 왕위에 오르지 못했다. 제우스의 아들인 암피온이 테바이를 차지해버렸기 때문이다. 나라를 빼앗긴 라이오스는 테바이를 떠나 피사왕에게 신세를 지지 않으면 안 되었다. 그는 피사왕의 은혜에 보답하기 위하여 왕자 크뤼시포스에게 칼 쓰기와 창 쓰기, 활 쏘기와 방패 다루기, 말타기와 마차 다루기 등을 가르쳤다. 가르치다 보면 스승과 제자가 서로 정이 들었을 법하다.

그런데 그런 것만 가르쳤으면 좋았을 것을, 라이오스는 왕자에게 남자끼리 사랑하는 법까지 가르치고자 했다. 고대 그리스에서, 나이 든 남성이 젊은이를 가까이 두고 사랑하는 것은 큰 흠이 아니기는 했다. 그런데 왕자가 라이오스의 요구를 거절했다. 라이오스는 말을 듣지 않는 왕자를 숲속으로 은밀히 데리고 들어가 '목을 졸라' 죽였다. 피사 사람들은 이 사실을 알지 못했다. 하지만 건전한 이성 관계, 남성과 여성 간의 신성한 결혼의 수호 여신 헤라가 그걸 몰랐을 리 없다. 헤라는 라이오스에 대해 어디 두고 보자 했을 법하다.

세월이 흐르자 테바이를 다스리던 암피온이 세상을 떠났다. 라이오스는 왕위를 되찾기 위해 테바이로 돌아왔다. 테바이 왕위에 오른

세계의 중심 델포이
델포이의 아폴론 신전 유적. '델포이'라는 말은 '대지의 자궁'이라는 뜻이며 여기에는 '옴팔로스(세계의 배꼽)'라고 불리는 큰 돌이 있다. 그리스인들은 델포이를 세계의 중심으로 이해했다.

라이오스는 아름다운 여인 이오카스테를 아내로 맞았다.

여기까지 읽고 이 부부 사이에 어떤 문제가 생길 것임을 짐작하는 독자는 신화 읽기에 소질이 있는 사람이다. 과연 문제가 있었다. 왕비 이오카스테가 아기를 낳지 않는 것이었다. 우리 식으로 표현하자면 '왕비가, 장차 보위를 이을 대군 아기씨를 생산하지 못하는 것'이었다. 라이오스는 왕비의 몸에 어째서 자식이 들어서지 않는지 델포이로 올라가 아폴론 신의 신탁(맡겨놓은 뜻)을 알아보고자 했다.

라이오스의 나라 테바이와 신탁으로 유명한 델포이는 그리 멀지 않다. 아폴론의 뜻은 아폴론 신전을 지키는 퓌티아라는 여성을 통해 전해지는 것이 보통이다. 퓌티아는 다리가 셋인 삼각대에 앉아서 아폴론 신의 뜻을 전해주는 것으로 알려져 있다.

델포이 신전의 여사제 퓌티아가 전한 뜻은 이러했다.

"아들은 낳지 않는 것이 좋다. 아들을 낳으면 그 아들이 장차 아비를 죽이고 아비의 아내와 같은 잠자리에 들 테니까."

세상에…… 그런 해괴한 일이 생기게 할 수는 없지. 라이오스는, 신들이 늘 제 편이라고 생각하는 잘못만 접어주면 믿음이 있다고 할

아폴론 신전의 여사제 퓌티아
퓌티아는 삼각대에 앉아 무아지경에 빠진 채로 신의 뜻을 전해주는 것으로 알려져 있다. 19세기 프랑스 화가 앙리 폴 모트의 그림.

수 있는 사람이었다. 그는 아들이 생기는 것이 마음에 걸려 이오카스테와 동침하기를 미루었다. 여기까지만 읽고도, 라이오스가 이오카스테와 동침하고 말 것임을 짐작하는 독자가 있다면 그는 신화 읽기에 소질이 있는 사람이다.

아테나이 왕 아이게우스도 델포이에서 비슷한 신탁을 받은 적이 있다. 아이게우스가 받은 신탁은 '그대의 조국 아테나이에 당도할 때까지 술 부대를 열지 말라'였다. 아이게우스는 트로이젠이라는 나라에 들렀다가 술에 취한 채 그 나라 공주 아이트라의 잠자리에 들었다. 이 둘 사이에서 태어난 아기가 뒷날의 영웅 테세우스다.

버려지는 오이디푸스
양치기에 의해 키타이론산에 버려지는 아기 오이디푸스. 3세기에 로마에서 제작된 석관의 돋을새김. 괴로워하는 양치기의 표정이 인상적이다.

라이오스는 이오카스테와 동침하지 않을 수 있을까? 그럴 수는 없다. '동침하지 말라'는 금제(터부)는 깨지기 위해서 존재한다. 라이오스 역시 술김에 이오카스테와 동침한다. 이오카스테와 동침한 날부터 라이오스는 아내에게 태기가 없기를 바랐다. 그러나 이오카스테에게는 태기가 있었다. 이오카스테에게 태기가 있는 날부터 라이오스는 아내 뱃속의 아기가 아들이 아니기를 바랐다. 그러나 이오카스테는 아들을 낳았다.

라이오스는 키타이론산에서 양을 치던 경력이 있는 경호병 하나를 불러 은밀하게 명령했다.

"네가 신들의 뜻을 집행해본 적이 있느냐? 신탁의 길을 막아서본 적이 있느냐? 내가 너에게 그럴 기회를 주겠다."

그러고는 강보에 싸인 아기를 내어놓았다. 아기의 두 발뒤꿈치 힘살은 금실에 꿰인 채 단단히 묶여 있었다.

라이오스는 말을 이었다.

"……나는 너에게 네 손에 아기의 피를 묻힐 것을 요구하는 것이 아니다. 그러면 네 자손이 대대손손 그 저주를 받을 수도 있을 것이기 때문이다. 내가 요구하는 것은 아기 발을 묶은 이 끈을 키타이론산의 실팍한 나뭇가지에 묶어두고 내려오라는 것뿐이다. 그 나무 이름은 네가 기억하지 않아도 좋다. 소임을 다하면 내게로 돌아오지 않아도 좋다."

경호병은 라이오스가 명한 대로 아기를 안고 밤을 도와 키타이론산으로 올라갔다(경호병이 아기를 나무에다 매달았다는 이야기도 있고, 양치기에게 넘겨주었다는 이야기도 있다).

 뒷날 '테바이 양치기'라고 불리는 경호병은 산에서 사귄 코린토스 사람 하나를 만났다. 그는, 뒷날 '코린토스 양치기'라고 불리게 되는 이 사람에게 아기를 넘겨주며 이렇게 당부했다.

 "코린토스 양치기여, 인간이 무슨 수로 신들의 뜻을 집행하며 인간이 무슨 수로 신탁의 길을 막을 수 있으랴. 바라건대 이 아이를 코린토스로 데려가시라. 그대가 이 아이의 앞일을 짐작할 수 없거든 이 아이의 내력도 묻지 말라."

구사일생으로 살아남는 아기 오이디푸스
양치기는 이 아기를 코린토스의 왕에게 데려간다. 장 프랑수아 밀레의 그림.

코린토스 왕 슬하에 혈육이 없는 것을 늘 안타깝게 여기던 이 충직한 코린토스 양치기는 이 아이를 받아 들고는 그 길로 달려가 코린토스 왕에게 보였다.

오랫동안 자식을 기다리던 코린토스 왕 폴뤼보스는 아기의 내력을 물어도 양치기가 모르고 아기의 이름을 물어도 양치기가 알지 못하자 속으로 이런 생각을 했다.

(……키타이론산이면 장차 영웅이 될 아이들이 많이 버려지는 산이다. 이 아이 역시 보통 아이가 아닐 것이다.)

폴뤼보스는 아기를 받아들인 뒤 양치기에게는 은밀하게 큰 상을 내렸다. 그는 아기 이름을 무엇으로 할까 생각하다가, 금실에 꿰이고 아마 줄에 묶인 아기의 발이 통통 부어 있는 것을 보고는 장난삼아 '오이디푸스'라고 불렀다. '통통 부은 발'이라는 뜻이다.

오이디푸스는 출생의 내력을 모른 채 무럭무럭 자라났다. 오이디푸스의 출생 내력을 모르기는 폴뤼보스왕이나 그의 아내 멜로페도 마찬가지였다. 당시 오이디푸스가 태어난 내력을 아는 사람은 헬라스 땅을 통틀어 하나도 없었다. 그 까닭은, 테바이 왕 라이오스와 왕비 이오카스테는 아들이 살아 있다는 것을 알지 못했고, 테바이 양치기는 키타이론산에서 코린토스 양치기에게 준 아이가 코린토스의 왕자로 자라고 있음을 알지 못했으며, 코린토스 양치기는 그 아이가 테바이 왕자임을 알지 못했고, 폴뤼보스왕과 멜로페 왕비는 아들이 테바이 땅에서 왔다는 사실조차 알지 못했기 때문이다. 그러므로 아무도 알지 못했다. 적어도 보지 못한 것은 알지 못하고, 알지 못하는 것은 믿지 못하는 인간에게는 그러했다.

그런데 오이디푸스가 자신의 근본을 의심하게 되는 순간이 온다. 왕의 아우 중 하나가 술자리에서 이런 말을 슬쩍 흘린 것이다.

"굴러온 돌이 박힌 돌을 뽑는다더니 코린토스의 왕위도 근본을 모르는 왕자에게 넘어가는구나."

왕의 아우는 오이디푸스가 왕비 멜로페가 낳은 아들이 아니라는 것을 잘 알고 있었던 모양이다. 오이디푸스는 많은 영웅이 그렇듯이, 그러면 나의 아버지는 누구라는 말인가, 이런 질문을 던졌을 법하다. 이런 의문을 품은 사람이면 거의 반드시라고 해도 좋을 만큼 찾아가는 곳이 있다. 바로 델포이에 있는 예언의 신 아폴론의 신전이다. 오이디푸스도 델포이 신전을 찾아갔다. 코린토스에서 델포이로 가려

그리스어로 새겨진 '너 자신을 알라'
뼈만 남은 노인이 누워 있고 그 아래엔 '그노티 세아우톤'이라는 그리스어 문장이 새겨져 있다. '너 자신을 알라'라는 뜻이다. 로마 바티칸 박물관.

면 아테나이를 지나고 험준한 키타이론산을 넘어야 한다.

'그노티 세아우톤'…… '너 자신을 알라'라는 뜻이다. 많은 사람은 이 말을 남긴 사람이 철학자 소크라테스인 것으로 알고 있다. 소크라테스가 이 경구를 화두로 들었던 것은 사실이다. 하지만 이 말은 원래 델포이에 있는 아폴론 신전의 문 상인방에 새겨져 있는 글이라고 한다. 처음으로 이 경구를 신전 문 상인방에 새기게 한 사람은 철학자 탈레스인 것으로 알려져 있다.

"너 자신을 알라!"

오이디푸스도 이 글을 읽었을 터이다. 너 자신을 알라니……. 너 자신이, 때가 되면 죽어야 하는 인간임을 알라는 뜻일까? 인간은 절대로 신들의 뜻을 거스를 수 없다는 것을 알라는 뜻일까? 오이디푸스가 이 문장을 읽었다면 이런 의문을 가졌을 법하다.

신탁을 묻는 오이디푸스에게, 신전의 여사제 퓌티아가 무아지경에 든 채로 통명스럽게 예언했다.

"뼈를 준 아비를 죽이고, 살을 준 어미로 짝을 삼는구나!"

오이디푸스가 기겁을 하고는 물었다.

"뼈를 준 아비를 죽이고, 살을 준 어미로 짝을 삼는다니, 대체 그게 무슨 뜻이오?"

"내가 무슨 말을 하더이까?"

무아지경에서 깨어난 여사제 퓌티아는 제가 무슨 말을 했는지 알지 못했다. 설사 안다고 하더라도 여사제는 질문에 대답하지 않는다. 델포이의 신탁은 원래 일방적이다. 질문은 허용되어 있지 않은

델포이에서 신탁을 받는 오이디푸스
아폴론은 활을 든 석상으로 그려져 있다. 3세기 로마 시대 석관의 돋을새김. 로마 바티칸 박물관.

것이다.

 신전에는 여사제 퓌티아만 있는 것이 아닙니다. 퓌티아 곁에는, 앞도 없고 뒤도 없이 퉁명한 신탁 한마디를 해석해주는 사제들도 있었다. 사제들이 들어보아도 '아비를 죽이고 어미와 한 잠자리에 든다'는 것은 용서받을 수 없는, 상상에 머물 때조차도 용서받기 어려운 패륜이었다. 사제들은 우르르 달려들어 오이디푸스를 신전 밖으로 쫓아내었다.

 오이디푸스는 마른벼락 같은 퓌티아의 이 한마디 신탁을 듣고 신전을 나와 마차를 끄는 말머리를 어지럽게 채찍질했다.

 "뼈를 준 아비를 죽이고 살을 준 어미로 짝을 삼아? 믿을 수가 없구나. 인간인 내가 어찌 내 아버지 폴뤼보스를 시해하고 내 어머니 멜로페를 범한다는 말인가? 아, 코린토스로 돌아가면 나는 패륜아가 된다. ……하지만 돌아가지 않으면 신들의 뜻을 그르치는 참람한 인간이 된다. ……나는 인간이다. ……그러므로 패륜아가 될 수는 없다. 나는 인간이다. ……그러므로 나는 신들의 뜻에서 벗어날 수가 없다. ……단지 유예할 수 있을 뿐."

신탁을 유예하는 길은 하나뿐, 코린토스로 돌아가지 않는 길뿐이다. 오래 생각하고 오래 괴로워하던 오이디푸스는 코린토스로는 영원히 돌아가지 않기로 마음을 정하고 말 머리를 보이오티아 땅으로 돌렸다.

델포이가 있는 포키스 땅과 보이오티아 땅의 경계에는 길이 비좁기로 이름난 험산이 하나 있다. 마차나 전차를 몰고 이 산을 넘어본 사람들이 농 삼아 이렇게 말했을 정도였다.

"태양 마차를 몰고 하늘 길을 가로지르던 파에톤의 심정을 알겠더라."

이 비좁은 길 양쪽으로 난 마차 바퀴자국에다 제 마차 바퀴를 넣고 조심스럽게 말을 몰던 오이디푸스는 테바이 쪽에서 오는 마차와 만났다. 테바이 쪽에서 오는 마차도 깊이 팬 마차 바퀴자국을 따라 조심스럽게 달려오고 있었다. 산길은, 오이디푸스도 마차에서 내리고 저쪽에서도 마차에서 내려 서로 조심스럽게 탈것을 오고 가게 해야 할 형편이었다.

마차를 호위하던 병사 하나가 오이디푸스에게 길을 비켜줄 것을 요구했다. 누군가가 양보하지 않는다면 충돌은 불가피했다.

"젊은이여, 길을 내시오. 이 마차에 타신 분은 귀하신 분이니 무례를 범하지 마시오."

오이디푸스도 마차에서 내리지 않고 마주 호령했다.

"그대들이 길을 내어라. 마차의 행세로 보아 거기 탄 자가 예사 사람은 아닐 것이니 코린토스 왕자에게 길을 내어주는 법도 또한 알 것이다."

"이 마차는 지금 델포이 신전으로 가시는 길이오. 아폴론 신께서는 델포이 길을 막아 선 자에게 죄 없다고 아니하실 것이오."

'델포이 신전'이라는 말이 오이디푸스의 마음을 흔들어놓았다. 델포이 신전에서 엿들은 아폴론의 뜻에 마음이 천 갈래 만 갈래로 찢긴 오이디푸스가 아니던가.

마차에 탄 이를 끌어내려 죽이는 오이디푸스
마차의 '귀하신 분'을 끌어내려 타살하는 오이디푸스. 오른쪽에 투구가 떨어진 채 구르고 있다. 3세기 로마 시대 석관의 돋을새김.

오이디푸스가 말등에 채찍을 먹여 마차 바퀴로 마차의 오른쪽 말을 치고 지나가려 했다. 마차에 타고 있던 '귀하신 분'이 가만히만 있었더라도 오이디푸스는 마차를 세우지는 않았으리라.

오이디푸스의 마차가 막 마차 옆을 지나는데 마차 안에서 채찍이 날아와 오이디푸스의 발목을 감았다. 오이디푸스의 발목에는 그때까지도 어릴 적 금실에 꿰이고 아마 줄에 졸린 흉터가 남아 있었다.

오이디푸스는 한 손으로는 그 채찍을 잡아당겨 채찍 임자를 마차에서 끌어내리고, 다른 한 손으로는 고삐를 당겨 말을 세웠다. 그러고는 불문곡직하고 채찍 임자는 몽둥이로 쳐 죽이고, 세 호위 병사 중 둘은 말째 벼랑으로 던져 죽였다. 남은 하나를 향해 창을 꼬나잡은 것은 이 자가 말을 타고 델포이 쪽으로 한참 달려간 뒤였다. 오이디푸스는 그자마저 죽여 분을 풀고 싶었으나 그자를 쫓으려면 마차에서 말을 풀어야 할 터여서 도망치는 자를 바라보고 있다가 마차의 말을 풀어 마차 뒤에다 묶고는 그 자리를 떠났다.

오이디푸스가 당도한 곳은 작은 나라 테바이였다. 오이디푸스가 당도했을 당시 테바이인들은 자존심이 강하기로 소문나 있었다. 테바이의 시조인 카드모스의 자손들이라고 해서 스스로 '카드메이아', 즉 '카드모스의 자손'을 자칭하고 있을 정도였다. 이 카드메이아들은 단신으로 마차를 몰고 온 오이디푸스를 몹시 반겼다. 오이디푸스가 그 까닭을 묻자 카드메이아 하나가 이런 대답을 했다.

"괴물 케토스를 잡아 죽인 이는 아티카 영웅 페르세우스요, 네메아 사자를 잡아 죽인 이는 티륀스의 영웅 헤라클레스가 아닙니까? 크레타의 괴물 미노타우로스를 때려 죽인 이는 아테나이 영웅 테세우스요, 뤼키아의 괴물 키마이라를 죽인 이는 코린토스 영웅 벨레로폰입니다. 혼자 마차 타고 오신 이여, 그대는 어느 나라에서 오신 영웅이시지요?"

"그렇다면 이 테바이에도 백성을 괴롭히는 괴수가 있다는 것이오?"

오이디푸스가 물었다.

"크레온왕께서는 이 괴수를 죽이는 영웅에게 왕좌와 선왕비 이오카스테를 상으로 거셨습니다."

"크레온왕이라니, 대체 무슨 말이오? 나그네 귀가 간짓대라는 말도 모르오? 내가 나그네라고 해서 테바이 왕이 라이오스인 것도 모르는 줄 아시오?"

"바로 아시었습니다만 지금은 그렇지 않습니다. 라이오스왕께서는, 이 괴물 물리칠 방도를 여쭈러 델포이로 가시다 말 도둑을 만나 횡사하셨답니다. 그래서 그 처남 되시는 크레온왕이 즉위하셨지요."

"괴물이라니요?"

"'스핑크스'…… 이게 바로 테바이에 온 괴수의 이름입니다."

'스핑크스'라면, '목 졸라 죽이는 자'라는 뜻이다. 피사에서 크뤼시포스를 '목 졸라' 죽인 라이오스의 왕국에 나타난 괴물 '목 졸라 죽이는 자'……. 그렇다면 신성한 남녀 관계의 수호 여신 헤라가 보낸 괴물이기가 쉽다.

"'스핑크스'라면 아이티오페이아에 산다는 괴물 이름이 아니오?"

단순하던 시절의 스핑크스
스핑크스 대리석상. 그리스 델포이 박물관.

"그렇습니다. 아이티오페이아에서 온 이 괴물이 테바이로 온 까닭이야 저희들이 알겠습니까?"

"그러니까 스핑크스가 나타나 테바이 백성을 '목 졸라' 죽이고 있다. ……보다 못한 라이오스왕은 백성들 구할 방도를 물으러 델포이로 떠나셨다. ……그런데 도중에 말 도둑에게 비명횡사했다. ……그래서 왕의 처남이 지금 왕위에 앉아 있다, 이것이오?"

"그렇습니다."

"그렇다면 스핑크스가 어디에 있소?"

"스핑크스는 얼굴과 젖가슴만 계집사람일 뿐, 다리와 꼬리는 사자 다리, 사자 꼬리요, 등에는 궁전 털 부채만 한 날개가 두 장이나 달려 있답니다. 날개가 있으니 저 머나먼 아이티오페이아에서 예까지 날아왔겠지만요. 지금은 피키온산의 신전 기둥 중 하나를 골라

프로이트의 스핑크스
그리스인들이 상상하던 스핑크스의 모습은 대부분 이집트의 스핑크스와 일치한다. 이 점토 스핑크스는 정신분석학자 프로이트가 소장하고 있던 것으로 지금은 런던의 프로이트 박물관에 보관되어 있다.

그 위에 홰를 틀고 앉아 있을 것입니다."

"홰를 틀고 앉아 있다면 괴수라고 부를 것도 없지 않소?"

"그게 그렇지가 않습니다. 테바이 도성을 드나들려면 이 열주 밑을 지나야 하는데, 이 괴물이 기다리고 있다가 테바이 사람의 씨를 말리려 듭니다. 꼭 남자만 잡아 목 졸라 죽이니 하는 말입니다."

"어떻게 죽인다는 게요?"

"무슨 수수께끼를 내고 맞혀보라고 한답니다. 못 맞히면 행인이 죽고 맞히면 스핑크스 저 자신이 죽고……."

"세이레네스와 비슷하군. 뱃사람을 홀리는 요괴들 이름이오. 홀리면 뱃사람들이 죽고 홀리지 않으면 저희들이 죽는답니다. 아직 홀리지 않은 뱃사람이 없다고 들었소만."

"마찬가집니다. 그래서 크레온왕께서는 왕좌와 선왕비이신 이오

스핑크스와 그의 희생자들
스핑크스의 수수께끼를 풀지 못해 살해된 희생자들의 사체가 주위에 즐비하다. 귀스타브 모로의 그림.

카스테를 상으로 걸고 이 괴물 요절낼 영웅을 찾고 있는 것이지요."

"그래, 어떤 수수께끼를 내더랍니까?"

"모르지요. 그 앞에 서본 사람 아니고는 들은 사람이 없고, 서본 사람 중에 산 사람이 없으니까요."

오이디푸스는 테바이 백성과 긴 수작을 마치고 피키온산 기슭의 열주 있는 곳으로 향했다.

프란츠 폰 슈투크가 그린 스핑크스
스핑크스의 정체는 과연 무엇일까? 독일의 화가 프란츠 폰 슈투크는 스핑크스를 '무의식적인 성적 유혹'으로 본 모양이다. 다름슈타트 주립 헤센 박물관.

테바이 사람에게서 들었던 대로 얼굴과 젖만 계집사람의 것일 뿐 다리와 꼬리는 사자의 것, 날개는 새의 것을 단 요망한 스핑크스가 기둥 위에 앉아 있었다. 오이디푸스가 짧은 창 한 자루만 들고(스핑크스를 찌르기 위해 들고 갈 만큼 오이디푸스는 어리석지 않았고 창은 그럴 만큼 길지도 않았다) 다가가자 스핑크스는 요상한 새 우는 소리로, 델포이 신탁만큼이나 앞도 없고 뒤도 없고, 뿌리도 잎도 줄기도 없는 한마디를 불쑥 내어놓았다.

"무엇이냐? 땅 위에 네 발로 걷는 것이 있다. 무엇이냐? 이름이 같은데 두 발로도 걷는다. 무엇이냐? 이름이 같은데 세 발로도 걷는다. 무엇이냐?"

오이디푸스는 화살처럼 날아드는 '무엇이냐'에 괘념하지 않으려

수수께끼를 내는 스핑크스
19세기 말 신화집 『고대 신화』의 삽화 〈오이디푸스와 스핑크스〉.

고 눈을 감았다. 인간에게는, 적어도 그 시절 인간에게는 너무 어려운 수수께끼였는지도 모른다. 델포이 신전 문 상인방에, '그노티 세아우톤(너 자신을 알라)'이라는 경구가 새겨져 있어도 이 글을 '너 자신이 인간임을 알라'는 뜻으로 새기지 못하던 인간들이 아니던가?

델포이 신전 문 앞에서 이런 생각을 해본 경험이 있는 오이디푸스가 외쳤다.

"인간이구나! 인간이 태어나 바닥을 길 때는 네 발이요, 자라서 걸을 때는 두 발이며, 늙어서 허리는 구부러지고 두 다리로 무게를 다 받지 못할 때는 앞으로 쏠리는 무게를 지팡이로 받으니 세 발이다!"

스핑크스를 만난 오이디푸스
프랑스 고전주의 화가 장 오귀스트 도미니크 앵그르의 〈오이디푸스와 스핑크스〉. 스핑크스가 비교적 세밀하게 그려져 있다.

오이디푸스의 말이 끝나기가 무섭게, 요물은 기둥 위에서 거꾸로 떨어지며 석판 바닥에다 머리를 찧고 죽었다. 스핑크스의 수수께끼는 그것으로 끝났다. 세이레네스의 노래가 뱃사람을 홀리지 못하는 순간에 끝나고, 쉼플레가데스(부딪치는 바위)의 충돌이 한 척이라도 배를 지나보내는 순간에 끝나듯이.

오이디푸스와 스핑크스
귀스타브 모로의 그림 속 스핑크스는 마치 오이디푸스를 유혹하는 듯 보인다.

자, 오이디푸스와 스핑크스의 겨루기는 오이디푸스의 깔끔한 승리로 끝났다. 이제 오이디푸스에게 테바이 왕좌는 그야말로 '따놓은 당상'이다. 그런데 오이디푸스가 왕좌를 차지하는 것은 좋은데, 왕비 이오카스테까지 차지한 것은 좀 그렇다. 이오카스테는 이미 중년에 든 여성이었기가 쉽다. 오이디푸스는 총각이니까 처녀장가를 들 수도 있었을 텐데 어째서 라이오스의 아내였던 이오카스테를 아내로 삼았던 것일까? 아무래도 운명의 장난이라고 해야 할 것 같다. 어쨌든 오이디푸스는 테바이의 왕위에 올라 선왕비 이오카스테의 베개를 나누어 베었다. 이로써 오이디푸스는 테바이의 '현자'가 되는 한편 온 세상에서 가장 어리석은 왕이 되었다.

오이디푸스가 테바이의 진짜 현자였다면 스핑크스의 수수께끼를 풀어냄으로써 스핑크스를 죽이는 데 만족하지 않고 수수께끼의 답이기도 한 '인간의 운명'을 인간의 보편적인 운명 혹은 오이디푸스 자신의 운명으로 마땅히 인식했어야 옳을 일이었다. 그러나 오이디푸스는 스핑크스의 죽음과 함께 저 자신의 죽음이 시작되고 있다는 걸 알지 못한 어리석은 왕, '인간'의 운명을 저 자신의 운명으로 살게 될 것임을 알지 못한 어리석은 왕이었다.

젊은 오이디푸스왕과 늙지도 젊지도 않은 왕비 이오카스테가 다스리던 테바이는 선왕의 횡사와 스핑크스의 재앙이라는 이중의 어둠에서 헤어나 날로 번성하는 것 같았다. 겉으로 보기에는 그랬다. 적어도 오이디푸스와 이오카스테 슬하에 두 아들, 두 딸이 태어나기까지는 그랬다.

하지만 우리는 저 저승 땅의 어둠 속에서 때를 기다리며 웅크리고 앉아 있는 복수의 여신들인 에리뉘에스를 기억해야 한다. '하데스의 암캐'라고 불리는 이 에리뉘에스 여신들이 대체 누구던가? 신의 뜻에 어긋나게 사는 인간, 맹세를 어긴 인간, 뼈를 주고 살을 준 부모를 해코지하는 인간이 나타날 때마다 올올이 뱀인 머리를 틀고 손에는 횃불을 든 채 우르르 나타나, 이런 자들을 처단하는 기쁨에 못 이겨 통곡까지 하는 여신들이 아니던가. 에리뉘에스가 막고 서자 테바이라는 이름의 마차는 그 달리던 기세에 걸맞게 길 한복판에서 뒤집어졌다.

복수의 여신 에리뉘에스 세 자매
응보천벌의 여신 에리뉘에스. 세 자매로 이루어진 이 여신들이 가장 미워하는 죄인은 패륜아다.

이것이, 오늘날에도 패륜을 경계하는 말로 쓰이는 저 유명한 '테바이 돌림병'이 이 죄 많은 도성을 치던 날에 있었던 일이다.

가뭄이 들면서 초목이라는 초목, 곡식이라는 곡식은 모두 고개를 숙였지만 데메테르 여신은 오불관언, 나 몰라라 하고 앉아 있었다. 돌림병이 돌면서 육축이라는 육축, 금수라는 금수는 모두 자다가 죽고 뛰다가 죽고 날다가 죽었지만 '아폴론 파이에온(병 고치시는 아폴론)'은 아는 척도 하지 않았다.

이어서 돌림병이 곡물과 초목, 육축과 금수에 기대고 사는 인간을 치자 오이디푸스왕을 찬양하던 노래는 곧 역질로 죽은 자를 애도하는 곡성으로 바뀌었다. 돌림병으로 죽어나가는 데 남녀노소, 부모 자식이 따로 없었다. 자다가 죽는 노인, 길 가다 죽는 젊은이, 간호하다 죽는 어머니, 장사 지내다 죽는 아버지도 있었다. 돌림병이 이렇듯 창궐하자 성한 자식 중에는 병든 부모의 간호를 마다하는 자가 나왔고, 성한 부모 중에는 죽은 자식을 화장하지 않으려 하는 자가 나왔다. 그러나 병든 부모 자식은 괴질이 죽였고, 간호와 화장을 마다하는 부모 자식은 에리뉘에스 여신들이 그냥 두지 않았다. 백성들 불어나는 재미에 저승신 하데스만 희희낙락했다.

불행 중 다행으로, 초목이 말라 죽은 뒤끝이어서 땔나무는 넉넉했다. 땔나무가 넉넉했으니 화장하기가 좋았고, 땔나무만큼이나 화장할 주검 또한 넉넉하여, 테바이 땅은 오래 연기에 덮여 있었다.

오이디푸스왕은 선왕 라이오스의 처남이자 이제는 자기 처남이 된 크레온을 델포이로 보내어 아폴론 신의 뜻을 물어 오게 하는 한

편, 테바이 궁성에다 제단을 쌓고 제물을 차린 뒤 향을 피웠다. 그러나 테바이 제단의 향연은 그 고운 목을 뽑아 올리다 말고 번번이 고개를 가로저었다.

오래지 않아 델포이로 갔던 크레온이 아폴론 신의 뜻을 받아 왔다. 제단에서 크레온을 마중하던 제관이 오이디푸스왕에게 그 소식을 전했다(소포클레스의 희곡『오이디푸스왕』은 바로 이 대목에서 시작된다).

"전하, 크레온께서 오셨습니다. 저는 그분께서 쓰신 월계관에 월계수 열매가 달려 있는 것을 보았습니다. 이는 아폴론 신의 뜻이 그분께 내리셨다는 징표입니다."

오이디푸스가 반갑게 크레온을 영접하고 델포이에서 들은 아폴론의 뜻을 묻자 크레온이 대답했다.

"스핑크스의 수수께끼, 지옥의 문을 부수어버린 분이시여, 아폴론 신께서는 이 돌림병의 재앙, 테바이를 덮친 또 하나의 재앙을 부술 방도를 왕께 일러주셨습니다."

"공포와 희망 사이에서 맴돌게 하지 말고 그 방도라는 것을 말하시오."

"전하, 귀가 많은 것이 괜찮으시다면 이 자리에서 말씀드리겠습니다. 그렇지 않으시다면 귀를 물리소서."

"크레온이여, 제관의 귀는 곧 카드모스 신민들의 귀올시다. 내게는 카드모스 자손의 귀를 두려워해야 할 까닭이 없습니다."

"그러면 말씀드리겠습니다. 아폴론 신께서 맡기신 뜻은 이렇습니다. '테바이 한복판에 불결한 자가 있어서 돌림병을 불러들였다. 이 불결한 자를 제거하면 하데스의 문이 닫힐 것이다.'"

"'불결한 자'라는 말이 무슨 뜻이오?"

"죽여서는 안 될 자를 죽인 자, 묻혀서는 안 될 피를 그 손에 묻힌 자입니다."

"죽여서는 안 될 자는 누구이고, 죽인 자는 또 누구입니까?"

"아폴론 신전 여사제 퓌티아는 그 피가 라이오스의 피라고 하더이다. 라이오스왕께서는 말 도둑 손에 목숨을 잃었다고 하더이다."

"그것이 언젯적 일이오? 우리가 무슨 수로 지금 그 말 도둑을 처단할 수 있겠소? 라이오스께서는 어디서 목숨을 잃으셨지요? 산이던가요, 들이던가요?"

"델포이로 가시던 중 산중에서 목숨을 잃으셨다고 하더이다."

"동행자들 중에 살아 있는 자가 있소?"

"하나 있기는 하나, 후환이 두려운지 테바이 땅에 그 소식만 전하고는 자취를 감추었다고 합니다."

"테바이 사람 중에 도둑을 교사할 만한 자는 없소? 라이오스왕의 죽음으로 큰 이득을 볼 자가 없소? 있다면 그자가 이 일을 꾸몄을 것이오."

"전하, 라이오스왕이 변을 당한 뒤 저 크레온이 잠시 왕위를 지켰습니다. 저를 염두에 두신 것은 아니시겠지요? 제가, 스핑크스를 깨뜨리신 왕께 왕좌와 왕비를 바친 것을 잊지 마소서."

"우리 중에는 아직 죄인인 자가 없듯이 결백한 자도 없소."

"전하, 테이레시아스를 아시지요? '조짐을 읽는 자'를 아시는지요?

파리 시청사 지붕의 스핑크스
스핑크스가 파리 시청사를 사방에서 위요하고 있다. 스핑크스의 질문이 오늘날까지도 계속되고 있는 듯하다.

아폴론 신 다음으로 앞일을 잘 보는 인간입니다. 이자는 장님입니다. 저는 델포이로 떠나기 전에 몇 번 이자를 부르러 사람을 보내었습니다만, 아폴론 신의 뜻이 전해진 연후에 조짐을 읽어주겠다면서 제가 보낸 사람을 되돌려 보낸 자입니다. 제가 아폴론 신의 뜻을 듣고 온 다음이니 이제는 이자도 거절하지 못할 것입니다."

테이레시아스는, 나르키쏘스를 보는 순간 '저 자신의 모습만 보지 않으면 오래 살 아이'라고 그 운명을 한마디로 예언했던 테바이의 예언자. 테이레시아스 이야기는 뒤에 다시 하게 된다.

테이레시아스가 불려 들어오자 오이디푸스왕이 말했다.

"테이레시아스, 조짐을 읽는 자, 새소리를 듣고 새기는 자여, 하늘의 비밀까지 엿본다는 그대가 이 테바이의 돌림병을 모를 리 없을 것이다. 작은 것으로는 한 마리 새가 밤에 깃들일 나뭇가지부터, 큰 것으로는 테바이 돌림병의 뿌리까지 보지 않고도 읽는 테이레시아스여, 나는 그대에게 테바이를 구하라고는 요구하지 않겠다. 우리에게 필요한 것은 선왕 라이오스의 살해자가 과연 누구냐 하는 것이다. 현명한 그대에게 우리가 바라는 것은 이 테바이 돌림병의 뿌리에 이르는 지혜뿐이다."

"전하, 현명한 것이 내게 이렇듯이 짐이 된 적이 없었습니다. 지혜로운 것이 이렇듯이 고통스러웠던 적이 내게 없었습니다."

테이레시아스가 볼멘소리를 했다.

"테이레시아스여, 그것은 무슨 말인가?"

"전하, 나를 내가 있던 곳으로 보내주소서. 이로써 왕과 내가 서로 지고 있는 짐을 덜게 하소서."

"나는 그대와 나의 짐을 덜게 하자는 것이 아니라 테바이 백성의 짐을 덜게 하자는 것이다. 그러니 지혜를 빌려주기 전에는 이 왕궁을 나가지 못한다."

"그러나 지금은 때가 아닙니다."

"때가 아니라면, 때라는 것을 알고 있다는 뜻이겠구나. 말하라, 말하지 않으면 이 왕궁을 나가지 못한다."

"때가 되면, 내 입으로 말하지 않아도 테바이 백성이 알고 전하께서 아시고 뭇 백성이 알게 될 것입니다."

"나는 그것을 앞당기고자 하는 것이다. 알고도 말하지 않는 자를 나는 '공모자'라고 부르겠다."

"공모자라고 하지 마소서, 라이오스의 살해자시여."

"내가 라이오스왕의 살해자라고? 이것이 그대의 지혜인가? 스핑크스를 깨뜨려 테바이 백성을 구한 나를 이렇게 부르는 것이 그대의 지혜인가? 그대는 이런 말을 하고도 테바이 백성의 칼끝을 피할 수 있다고 믿는가?"

"전하, 지혜는 나의 칼이요, 진리는 나의 방패입니다."

"다시 말해보라. 내 신민들이 듣고 있다, 다시 말해보라."

"전하, 전하께서 찾고 계시는 라이오스왕의 살해자는 바로 전하이

육신의 눈을 잃고 마음의 눈을 얻다
예언의 신 아폴론 다음으로 예언에 능한 점쟁이 테이레시아스. 1891년에 출간된 『고대 신화 인명 사전』의 삽화.

십니다."

"테이레시아스여, 그대는 왕인 나를 무고하고도 무사하리라고 생각하는가?"

"진리에 권능이 있다면 나는 무사할 것인데, 진리에는 전하도 거스르지 못할 권능이 있습니다. 내가 참예언자라면 나는 무사할 것인데, 나는 참예언자입니다. 그러므로 나는 무사할 것입니다."

"테이레시아스, 이 거짓 예언자, 떠돌이 약장수야, 스핑크스가 열주 위에 앉아 수수께끼로 테바이 백성을 괴롭힐 때 그대는 그 진리와 예언의 권능을 어디로 보내었더냐? 그대에게 신들의 뜻을 전한다는 새들은 어디에 있었느냐? 스핑크스의 수수께끼를 풀 때 내 머리 위에는 나는 새 한 마리 없었다. 그대는, 라이오스왕이 스핑크스의 수수께끼를 물으러 델포이로 갔다는 것을 모르지 않을 것이다. 그대가 예언자라면 스핑크스의 수수께끼 답은 물론 라이오스왕의 죽음까지도 짐작했을 것이 아니냐? 테바이의 재앙을 수수방관하던 그대 거짓 예언자 테이레시아스가 이제는 테바이의 재앙을 지혜로 부순 이 지혜로운 오이디푸스왕을 무고하는구나."

"전하, 스핑크스는 전하 운명의 삼거리를 지키던 요괴이지 라이오스를 델포이로 보낸 요괴는 아니올시다. 스핑크스는 전하를 오만한 폭군으로 만들려고 신들이 놓은 틀이지, 라이오스를 죽이려고 신들이 놓은 덫이 아니올시다. 들으소서, 자신을 지혜로운 자라고 부른 오만한 왕이시여. 오만이 전하를 테바이성 첨탑까지 들어 올렸다가 마침내 성벽 아래로 떨어뜨릴 것입니다. 그것이 전하의 운명입니다.

저승에서도 앞날을 예언하는 테이레시아스
테이레시아스는 저승에서도 예언자로 이름을 떨쳤다. 알레산드로 알로리의 그림.

물었으니 대답하지요.

 오이디푸스왕이여, 전하의 삶은 전하가 꾸는 꿈이자 인간이 꾸는 꿈입니다. 전하는 살고 있으면서도 어디에 사는지, 태어났으면서도 어디에서 태어났는지 알지 못합니다. 전하는 왔으면서도 어디에서 왔는지, 살면서도 누구와 살고 있는지 알지 못합니다. 이제 오래지 않아 두 개의 칼끝이 전하를 찌를 것입니다. 키타이론산 계곡이 일제히 전하의 울음을 되울릴 것입니다."

 "그대는 대체 무슨 수수께끼를 말하자는 것이냐?"

 "수수께끼 하나로 테바이의 왕이 되신 이여, 이제 또 한 번 수수께끼를 풀 때가 된 듯합니다."

 "그대는 지금, 스핑크스의 수수께끼를 풀고 테바이의 재앙을 뿌리 뽑은 나를 비웃고 있구나."

"스핑크스의 수수께끼는 전하에게 전하 자신의 모습을 돌아볼 것을 요구했습니다. 그런데도 전하는 그 수수께끼의 참뜻을 알아듣지 못했습니다."

"가거라, 이 눈먼 약장수야, 너에게 어울리는 것은 역시 어둠이구나. 가거라, 어서 온 데로 가거라."

"갑니다. 나는 온 데로 갑니다. 오래지 않아 내 어둠을 물려받을 왕이여, 나는 마음의 눈으로 보는 장님이나 전하는 지팡이 없이는 한 치도 걸을 수 없는 장님이 될 것입니다. 아우이자 아들의 형이자 아버지요, 누이이자 딸의 오라비이자 아버지가 될 오이디푸스왕이여, 인간의 빗나간 꿈을 제 삶으로 살고 갈 자여, 그리하여 인간이 지을 뿌리 깊은 죗값을 홀로 받았고, 받고, 또 받을 자여."

테이레시아스가 돌아간 뒤 오래지 않아 코린토스에서 사자가 왔다. 이 사자는, 옛날 '테바이의 양치기'에게 발이 부은 아기 오이디푸스를 넘겨받았다는 '코린토스의 양치기' 바로 그 사람이었다.

오이디푸스는 이 사자를 영접하고 테바이에 온 까닭을 물었다. 사자가 대답했다.

"저는, 테바이의 왕위에 올랐다는 테바이 사람이자 코린토스 사람인 오이디푸스를 만나러 왔습니다."

오이디푸스가 그 말을 듣고 물었다.

"여기에 있는 내가 머리끝에서 발끝까지 오이디푸스다. 오이디푸스가 테바이 사람이자 코린토스 사람이라는 것은 또 무슨 뜻이냐?

오늘날의 테바이
오이디푸스 때문에 저주받은 도시 테바이에는 중세에 지어진 성(사진)이 있을 뿐 볼 만한 유적은 별로 남아 있지 않다.

왜 나를 찾아왔느냐?"

"기쁘고도 슬픈 소식을 전하러 왔습니다."

"테바이 사람이자 코린토스 사람이라는 말은 무슨 뜻이며, 기쁘고도 슬픈 소식이라는 말은 또 무슨 뜻이냐?"

"전하, 코린토스 백성은 오이디푸스왕을 코린토스 왕으로 모시기로 하고 이렇듯 저를 보내었습니다."

"코린토스 왕은 내 아버지 폴뤼보스왕이 아니던가?"

"슬프게도 폴뤼보스왕께서는 열흘 전에 세상을 뜨셨습니다."

"내 아버지께서 세상을 뜨셨다는 말이냐? 여기가 어디인 줄 알면 허튼소리를 하지 않을 것이다."

"전하께서 머리끝부터 발끝까지 오이디푸스왕이시듯 저 또한 머리끝부터 발끝까지 진실을 전하는 코린토스 백성의 사자올습니다."

"내가 코린토스를 떠난 뒤에 내 어머니 멜로페가 아들을 얻으셨더냐?"

"멜로페 왕비께서는 '퓌라'가 아니신 것을 왕께서 어찌 모르십니까? 늙어서도 자식을 얻은 퓌라가 아니신 것을 어찌 모르십니까?"

"그렇다면, 폴뤼보스왕께서는 어떻게 돌아가셨느냐? 누구 손에 살해되셨느냐?"

"아닙니다. 천수를 다하시고 와석종신하셨습니다."

오이디푸스왕은 왕비 이오카스테와 델포이 왕궁 제단의 제관들을 번갈아 바라보며 오래 참았던 말을 했다.

"오늘 나는 드디어 델포이 신탁의 죽음을 보았소. 아폴론 신의 주검을 보았소. 나는 청년 시절 델포이에서 신탁을 받은 일이 있소. 뼈를 준 아비를 죽이고 살을 준 어미와 짝이 된다는 무서운 신탁이었소. 내가 아버지의 나라 코린토스로 돌아가지 않은 것은 이 신탁이 무서웠기 때문이오. 들으셨지요? 내 아버지 폴뤼보스는 천수를 누리고 와석종신하셨소. 이것이 아폴론 신의 죽음이오. 라이오스왕은 청년 시절에 아들의 손에 죽으리라는 신탁을 받은 일이 있다고 들었소. 그러나 라이오스왕은 말 도둑 손에 비명횡사하셨으니, 이것이 델포이 신탁의 죽음이오.

나에게 내 아버지 폴뤼보스를 죽이러 코린토스로 간 적이 없는 것을 잘 아는 내 아내 이오카스테여, 테바이의 제관들이여, 이제 내게 신탁이 두려워 코린토스로 돌아가지 못할 이유는 없겠지요? 나는 잠시 코린토스로 가서 내 아버지께 작별을 고하고 올까 하오."

왕비 이오카스테가 오이디푸스왕을 만류했다.

"전하, 폴뤼보스왕이 노환으로 돌아가셨다고 하나 아직 코린토스에는 그대 어머니가 살아 계십니다. 어머니 멜로페 가까이서 신탁을 마음에 떠올리는 것만으로도 왕께서는 대죄를 짓는 것이니 바라건대 그 지붕 밑으로는 다시 들어가지 마소서."

두 사람 사이에서 오가는 말을 듣고 있던 사자, 정확하게 말하면 옛 '코린토스의 양치기'가 나직하게 말했다.

"오이디푸스왕이시여, 이오카스테 왕비시여, 신심 깊으신 두 분께서 신탁을 가볍게 말씀하시는데, 제가 무엇을 더 숨기겠습니까? 저는 옛날 인간 세상으로 귀양 오셔서 잠시 양치기 노릇 하시던 아폴론 신을 섬기는 자입니다. 제가 무엇을 더 숨기겠습니까? 오이디푸스왕께 내린 신탁은 우리 코린토스 나라와 무관합니다."

"코린토스 왕자인 내게 내린 신탁이 코린토스와 무관하다니, 네가 무슨 뜻으로 하는 말이냐?"

오이디푸스왕이 물었다.

"전하, 귀가 너무 많으니 줄이소서."

"신을 두려워하지 않는 내가 항차 내 신민을 두려워할까? 내 신민의 귀만큼 내게 충실한 증인은 없으니, 듣는 데서 말하라."

"정의로우신 분이시여, 제 공로를 셈하실 때도 정의로 셈하소서. 전하께서는 폴뤼보스왕과 멜로페 왕비의 친아들이 아니십니다."

"내가 폴뤼보스왕의 친아들이 아니라니, 그렇게 말하는 너는 대체 누구냐?"

"저는 '코린토스의 양치기'라고 불리던 키타이론산의 목동입니다. 제가 누구냐고 물으시니 여쭙겠습니다. 저는 전하께서 강보에 싸여 계실 때, 키타이론산에서 어리시고 어리시던 전하를 수습하여 폴뤼보스왕께 바친 '코린토스의 양치기'올습니다."

"그 아기가 나 오이디푸스라는 말인가?"

"그렇습니다."

"내가 어떻게 네 품에 안겼느냐? 주웠느냐, 샀느냐?"

"키타이론산의 동무 목동인 '테바이의 양치기'가 주더이다."

"내가 어째서 네 말을 믿어야 하느냐?"

"그때 아기의 발뒤꿈치는 금실에 꿰이고 아마 줄에 묶여 있더이다. 폴뤼보스왕께서는 통통 부어오른 그 발을 보시고는 '오이디푸스(부은 발)'라고 이름하시더이다. 전하, 발뒤꿈치에 금실에 꿰인 흉터가 있으시면 저를 믿으시되 없으시면 믿지 마소서."

"하면 그 '테바이의 양치기'에 대해 네가 아는 것이 있느냐?"

"라이오스왕의 양을 치다가 뒷날 왕의 경호병 노릇을 한 뒤 다시 양치기가 되었다는 소문만 들은 적이 있습니다."

'라이오스'라는 이름이 나오자 왕비 이오카스테는 낯빛을 잃고 내전으로 들어가버렸다. 그 까닭은 짐작하기가 그리 어렵지 않다. 라이오스의 아들을 낳은 여자가 이오카스테 말고 또 있던가?

오이디푸스는 온 테바이 땅에 사람을 보내어 키타이론산을 뒤지게 하고 별명이 '테바이 양치기'인 왕의 경호병 출신 목동을 찾아내게 했다. 이오카스테가 이를 알고 마음에 짚이는 것이 있었던지 한사코 만류했으나 오이디푸스는 이런 말로 이오카스테를 물리쳤다.

"내가 설사 노예의 자식이 되어도 그대의 명예에는 누가 되게 하지 않을 것이오."

사흘이 못 되어, 키타이론산에 숨어 살던 그 '테바이의 양치기'가 오이디푸스왕 앞으로 끌려 들어왔다. 세월의 무게 때문에 허리는 휘고, 양치기의 삶으로 손과 팔뚝은 떡갈나무 가지같이 거칠어진 백발 노인이었다. 오이디푸스는 이 '테바이의 양치기'를 '코린토스의 양치기'와 대질심문하기 전에 먼저 물어보았다.

"네가 '테바이의 양치기'라는 자냐?"

"전하, 제가 '테바이의 양치기'라고 불리던 자입니다. 이제 아셨으니 저를 죽이소서."

"내게는 너를 죽일 까닭이 없다. 왜 네가 '테바이의 양치기'로 불리느냐?"

"제가 키타이론산에서 태어나 오래 라이오스왕의 양 떼를 돌보았기로 그렇게 불렸습니다. 잠깐 왕의 경호병 노릇을 하다가 라이오스왕이 비명에 가신 뒤에 다시 키타이론산으로 들어갔기로 지금도 그렇게 불립니다."

양치기를 심문하는 오이디푸스
바로 이 심문에서 심문자인 오이디푸스는 라이오스를 살해한 범인으로 드러난다. 3세기 로마 시대의 석관 돋을새김. 로마 바티칸 박물관.

"내가 너를 불러들인 까닭이 궁금할 것이다."

"전하, 제가 아는데 궁금할 까닭이 어디에 있습니까? 저는 이제 죽을 목숨이니 궁금할 것도 두려워할 것도 없습니다."

"네가 모르고 하는 소리다."

"전하, 전하께서는 델포이로 가는 산길에서 한 번밖에 만나신 적이 없는 저를 용케 기억하셨습니다. 제 별명까지 용케 아셨습니다."

"델포이로 가는 산길이라니, 대체 무슨 말이냐?"

"죽이시되 놀리시지는 마소서. 전에는 코린토스 왕자이시더니 이제는 테바이의 왕이 되신 분이여."

"내가 왜 너를 죽여야 하느냐?"

"델포이에서 마차 타고 오시는 전하를 저희가 만나지 않았습니까? 테바이에서 라이오스왕을 호위해서 델포이로 가던 저희를 만나시지 않으셨습니까? 전하께서는, 길을 내어주지 않는다고 저희 라이오스왕을 시해하시지 않았습니까? 그런 연후에 세 호위병 중 둘을 말째로 벼랑으로 던져 죽이시지 않았습니까? 그때 델포이 쪽으로 호위병 하나가 도망치던 걸 기억하시지요? 제가 바로 그때의 호위병입니다."

"무엇이라고 했느냐? 내가 라이오스왕을 죽였다고?"

"제가 전하의 용모를 잘못 기억할 리 있습니까? 수백 마리의 양에게 하나하나 이름을 붙이고, 하나도 틀리지 않게 그 이름을 부를 줄 아는 '테바이의 양치기'올습니다."

"하면, 라이오스왕이 말 도둑의 손에 죽었다는 소문은 어찌 된 것이냐?"

"전하께서 라이오스왕을 시해하시고 경호병 둘을 벼랑으로 던져 버리신 뒤 선왕 마차의 말을 푸시기에 저는 말 도둑인 줄 알았던 것이지요."

한동안 고개를 숙이고 생각을 가다듬은 오이디푸스는 '코린토스의 양치기'를 불러들였다.

"'코린토스의 양치기'여, 여기 있는 이 노인이 '테바이의 양치기'가 분명한가?"

"그렇습니다, 전하!"

"'테바이의 양치기'여, '코린토스의 양치기'를 기억할 수 있겠는가?"

"'코린토스의 양치기'가 분명합니다. 저와 이 '코린토스의 양치기'

는 봄에서 가을까지 키타이론산에서 양을 먹이다 겨울이 오면 '코린토스의 양치기'는 폴뤼보스왕의 양떼를 몰고 코린토스로 갔고, '테바이의 양치기'인 저는 라이오스왕의 양떼를 몰고 테바이로 왔습니다."

코린토스의 양치기가 테바이의 양치기에게 물었다.

"테바이의 양치기여, 많이도 늙었구나. 강보에 싸인 아기를 내게 건네주며, '이 아이 앞일을 짐작할 수 없거든 이 아이의 내력도 묻지 말라'고 한 것을 기억하는가?"

"기억하고 말고, 코린토스의 양치기여, 그래 그 아이는 잘 자라 그대 마당을 손자로 가득 채워놓았겠구나."

"옛날 이야기구나. 그 아이는 코린토스의 오이디푸스 왕자가 되셨다. 아이 이름이 '오이디푸스'가 된 까닭을 그대가 모르지 않을 것이다. 앞을 보라. 저기 계신 오이디푸스왕이 바로 그 시절 키타이론산에서 그대가 내게 건네준 그 아기님이시다."

"오, 신들이시여, 신들이시여……."

오이디푸스가 코린토스의 양치기를 물리치고 테바이의 양치기를 몸소 심문했다. 오이디푸스의 얼굴은 이미, 스핑크스의 재앙을 깨뜨리고 테바이의 왕이 되어 신민들을 호령하던 호기 있는 젊은이의 얼굴이 아니었다.

"테바이의 양치기여, 그대는 코린토스의 양치기에게, 발이 금실에 꿰이고 아마 줄에 묶인 아기를 건네준 적이 있느냐?"

"네, 있습니다."

"그게 언제 일이냐?"

"제가 죽었어야 마땅한 날의 일입니다."

"사실대로 이르지 않으면 오늘이 바로 그날일 것이다. 그 아이가 누구의 소생이었더냐?"

"……오, 신들이시여. 신성혼神性婚의 수호신이신 헤라 여신이시여."

"그 아이가 누구의 아이였느냐, 그대의 아이였느냐, 아니면 다른 이의 아들이었느냐?"

"……."

"말하라."

"라이오스왕의 아들이었습니다."

"라이오스왕이 왜 너에게 당신의 아들을 맡겼느냐?"

"그 아들이 장차 친아버지를 죽이고 친어머니의 짝이 될 것이라는 신탁이 있어 라이오스왕께서 저에게 맡기셨습니다."

"어쩌라고 하더냐?"

"버리기를 바라셨습니다."

"왕비가 낳으신 아이를 말이냐?"

"이오카스테 왕비께서 낳으신 아기올습니다."

"너는 왜 죽이지 않았느냐?"

"아이의 피를 제 손에 묻힐 수가 없었습니다."

"내가 너에게서 은혜를 입었다. 그러나 보라, 이것은 은혜가 아니구나. 이로써 아폴론의 뜻은 이루어졌다."

오이디푸스왕이 왕궁 기둥을 잡고 간신히 몸을 가누며 내전으로 들어간 것은, 이미 이오카스테 왕비가 들보에 목을 매고 스스로 목숨을 끊은 뒤였다. 뒷날, 내전으로 들어간 오이디푸스왕에 대해 이 희대의 비극을 무대에 올린 비극 작가는 시종의 입을 빌려 이렇게 전한다.

"이오카스테 왕비께서는 스스로 목숨을 끊으셨습니다. 이를 보지 않은 그대들은 복이 많은 사람들입니다. 나는 복이 없어서 두 분의 최후를 보는 괴로운 경험을 면할 수 없었지요.

이오카스테 왕비께서는 두 손을 머리카락 속에 찔러 넣고 내전으로 들어오시면서, 선왕 라이오스의 이름과 오이디푸스의 이름을 번갈아 부르시더군요. 이어서 운명을 저주하고, 침대를 저주하고…… 침대를 저주하신 까닭은 이제 모두 아시겠지요? 이오카스테 왕비께서 자진하신 직후에 오이디푸스왕께서 기둥을 붙잡고 간신히 내전으로 들어오시더군요.

'어디 있소? 내 어머니자 내 아내인 이오카스테는 어디 있소? 내가 자란 밭, 내가 씨를 뿌린 밭은 어디 있소? 내 아버지가 배를 대고 내가 배를 댄 항구는 어디 있소?'

이게 오이디푸스왕이 하신 말씀입니다. 왕께서는, 들보에 매달린 이오카스테 왕비의 시신을 내려 눕히시더니 왕비의 가슴에서 유리로 세공한 가슴 꽃이를 벗기고는 그걸 두 눈에다 박아버립니다.

'멀어라, 멀어라, 내 눈아 멀어라, 보고 싶어 하던 사람을 알아보지 못한 내 눈, 보지 말아야 할 것을 너무 오래 본 내 눈아 멀어라.'

괴로워하며 자신의 눈을 찌르려는 오이디푸스
아들과 잠자리를 함께하면서 살아왔다는 것을 알고 괴로워하는 자살 직전의 이오카스테와, 스스로 눈을 찔러 장님이 되기 직전의 오이디푸스. 한스 에르니의 드로잉.

오이디푸스왕은 이러시면서 몇 차례 눈에 꽂힌 가슴꽂이를 뽑아 눈에다 되박습디다. 박을 때마다 검붉은 피가 터져 나와 수염을 타고 흐릅디다."

오이디푸스는 스스로 테바이를 떠나 이름 없는 장님으로 온 헬라스 땅을 헤맸다. 어머니이자 아내인 이오카스테의 몸에서 난 4남매 중 막내인 안티고네가 이 가엾은 오이디푸스를 따라다니며 오라비이자 아버지인 이 죄 많은 테바이 왕을 돌보아주었던 것으로 전해진

테바이를 떠나는 오이디푸스
딸 안티고네의 보살핌을 받으며 테바이를 떠나는 장님 오이디푸스. 19세기 프랑스 화가 외젠 에르네스트 일마셰의 그림.

다. 오이디푸스와 함께 돌림병도 테바이를 떠난 것은 물론이다.

오이디푸스는 오래 방황하다 아티카의 콜로노스로 가서 이곳에 있는 에리뉘에스 여신들 사당에서 죄를 씻었다. 그 뒤로는 오이디푸스라는 장님을 본 사람이 없다. 콜로노스에는 오이디푸스의 무덤이라고 전해지는 데가 있는데 여기에는 묘비도 있고, 이 묘비에는 이런 묘비명도 있다고 한다.

천 개의 뿌리가 달린 아스포델로스(저승 식물)는 우리 등에 지고,

장님 오이디푸스와 곁을 지키는 딸 안티고네
콜로노스를 방황하던 시절의 장님 오이디푸스와 동행한 딸 안티고네. 요한 페터 크라프트의 그림. 파리 루브르 박물관.

라이오스의 아들 오이디푸스는 우리 가슴에 묻어야 하리.

자, 오이디푸스 이야기를 읽었으니 이제 독자는 미국의 신화학자 조지프 캠벨이 쓴 다음 글의 의미를 짐작할 수 있을 것이다.

인간은 동물 가운데서도 가장 오래 어머니의 젖가슴에 매달려 유아기를 보내는 동물이다. 유아에게 이 어머니의 품 안은 자궁의 내부와 똑같은 상태로 재현된 지상의 천국이다. 그런데 아버지가 이 천국을 침범한다. ……그래서 유아에게 어머니는 '좋은 것', 아버지는 '나쁜 것'이 된다. ……유아가 어머니에게 '에로스(사랑)'의 충동을 느끼고 아버지에게 '타나토스(죽음)'의 충동을 경험하는 것은 이 때문이다. ……(아버지를 죽이고 어머니와 짝이 됨으로써 인간의 이러한 심층 심리를 대리 체험한) 오이디푸스왕의 이름, '오이디푸스'는 '부은 발'이라는 뜻이다.

이제 독자들은 정신분석학의 창시자 프로이트가 쓴 다음 글의 의미도 짐작할 수 있을 것이다.

발은, 신화에 자주 등장하는 아주 유서 깊은 성적 상징이다. ……아버지를 죽이고 어머니와 잠자리를 같이한 오이디푸스는 우리에게, 어린 시절의 유치한 소망이 어떻게 구체화할 수 있는지를 보여준다. ……다행히 이제 우리는 (오이디푸스의 대리 체험 이래로) 어머니에 대한 성적 충동과 아버지에 대한 무의식적인 질투의 감정도 다스릴 수 있게 되었다. 정신신경증 환자만 제외하고.

프로이트는, 무의식중에 자기와 동성인 아버지를 미워하고 이성인 어머니의 사랑을 구하려는 남성의 복잡한 마음의 상태를 '오이디푸스 콤플렉스'라고 부른 바로 그 사람이다.

복잡한 표정의 오이디푸스
도미니크 장 밥티스트 위그의 〈콜로노스의 오이디푸스〉.
파리 루브르 박물관.

찰스 윌리엄 키민스의 책 『어린이의 꿈Children's Dreams』에는 다음과 같은 구절이 있다. 독자는 이 말의 숨은 뜻도 짐작할 수 있을 것이다.

> 어느 날 밤 소년은 꿈에 발을 하나 보았다. 발은 방바닥에 놓여 있었다. 소년은 방을 가로질러 가다가 이 발에 걸려 넘어졌다. 그 발은 소년의 발과 비슷했다. 소년은 달아났다. 방바닥의 발이 벌떡 일어나 소년을 뒤쫓기 시작했다.
> 소년이 이런 꿈을 되풀이해서 꾸고 있을 즈음, 뱃사람 노릇을 하던 아버지가 사고를 당했다는 소식이 날아들었다.

나는 '테세우스 이야기', '이아손 이야기'를 쓰면서 신발의 상징성에 오래 주목한 적이 있다. 이제 프로이트와 키민스가 주목하고 있는 발의 상징성과, 그 발이 들어가 있는 신발의 상징성 사이에다 우리의 사유를 풀어놓을 필요가 있다. 신발 밑에는, 우리가 마침내 돌아가야 할 대지가 있다.

6장
엘렉트라, 피로써 피를 씻다

GREEK
AND
ROMAN
MYTHOLOGY

엘렉트라 이야기

 '전기'를 뜻하는 영어 '일렉트리시티 electricity'가 어디에서 온 말인지 아는지? 나는 청년 시절 어떤 책을 통해, '일렉트리시티'라는 말이 그리스 신화에 나오는, 눈빛이 형형하고 무시무시하기로 이름난 여성 '엘렉트라'에서 유래한다고 배웠다. 고대 그리스어 '엘렉트라'는 '번쩍번쩍 빛나다 shining'라는 뜻이다.

 이 글을 쓰면서 일삼아 확인해보고는 내가 잘못 배웠다는 것을 알았다. 사람의 힘으로 전기를 일으킬 수 있다는 것을 처음으로 알아낸 사람은 영국의 물리학자 윌리엄 길버트다. 길버트는 호박을 마찰하면 전기가 발생한다는 사실을 처음 알아냈다. '호박'이 무엇인지 설명해야겠다. 호박(먹는 '호박'을 말하는 것이 아니다)이란 수지, 즉 나무의 진 덩어리가 땅에 묻힌 채 수소, 산소, 탄소 등과 화합하면서 굳어진 광물을 말한다. 영화 〈쥐라기 공원〉에서 과학자가, 아득한 옛날 공룡의 피를 빤 모기 한 마리를 찾아내는 것을 본 적이 있을 것이다. 공룡 시대의 모기를 가두어두고 있던 것, 그것이 바로 나무의 진에서 출발, 마침내 광물이 된 호박이다. 서기 1600년, 길버트는 호박을 마찰하면 전기가 발생한다는 사실을 발견하고는, '전기'를 뭐라고 부를 것인지 고심하다가 '엘렉트론'이라고 부르기로 했다. '엘렉트론'은 '호박amber'이라는 뜻이다.

나는, 내가 그동안 잘못 알고 있었구나, 하고 넘어가려다 영국의 옥스퍼드 대학교 출판부가 펴낸 신화 사전『고대 신화 인명 사전』의 '엘렉트라' 항목을 찾아보았다. 이 사전은 '엘렉트라'라는 말을 이렇게 해설하고 있다.

"엘렉트라…… '호박amber'이라는 뜻. '불fire' 혹은 '섬광spark'이라는 말에서 유래한 듯."

결국, '전기'를 뜻하는 영어 '일렉트리시티'는 '호박'이라는 말에서 유래하고, '호박'이라는 말의 고대 그리스어는 '엘렉트라'인 것이다. 그러니까 나는 조금 잘못 알고 있었을 뿐, 크게 잘못 알고 있었던 것은 아닌 셈이다.

프로이트는, 무의식중에 자기와 동성인 아버지를 미워하고 이성인 어머니의 사랑을 구하려는 남성의 복잡한 마음 상태를 '오이디푸스 콤플렉스'라고 불렀다. 오이디푸스 이야기를 읽은 우리는 이제 '오이디푸스 콤플렉스'가 무엇인지 어렴풋이 이해한다.

그렇다면 반대로, 무의식중에 동성인 어머니를 미워하고 이성인 아버지의 사랑을 구하려는 여성의 복잡한 마음 상태를 일컫는 말도 있을까? 있다. '엘렉트라 콤플렉스'가 바로 그것이다. 눈빛이 유난히 형형하고 무서웠다는 처녀 엘렉트라 이야기를 읽으면 우리는 '엘렉트라 콤플렉스'라는 말의 의미도 어렴풋이나마 헤아릴 수 있을 터이다.

엘렉트라 이야기는 신화와 여러 편의 희곡(비극)을 통해 오늘날까지 전해진다. 하지만 오늘날의 여느 독자에게 고대의 희곡 읽기는 쉬운 일이 아니다. 분량도 방대하다. 그래서 엘렉트라 이야기가 실려 있는 아이스퀼로스의 『오레스테스 이야기』 3부작, 에우리피데스의 『이피게네이아』와 『엘렉트라』, 그리고 소포클레스의 『엘렉트라』를 간추려 엘렉트라 이야기를 구성하기로 한다.

이야기는 트로이아 전쟁과 함께 시작된다. 트로이아 전쟁은, 아름다운 스파르타 왕비 헬레네를 꾀어 간 트로이아 왕자 파리스와 그 조국을 응징하기 위한 전쟁, 아름다운 스파르타 왕비 헬레네를 되찾기 위한 전쟁이기도 하다.

트로이아를 치기 위해 편성된 그리스 연합군의 총사령관은 뮈케나이 왕 아가멤논이다. 아가멤논은 2년에 걸쳐 그리스 각지의 군사와 함대를 아울리스항에 집결시키고는 출범할 날을 기다렸다. 그런데 바람이 불어주지 않았다. 고대의 범선, 즉 돛을 단 군함은 바람이 불어주지 않으면 움직일 수 없다. 연합군을 괴롭히는 것은 바람뿐만이 아니었다. 돌림병이 돌면서 군사의 수가 나날이 줄어갔다.

아가멤논은 점을 잘 치기로 이름난 점쟁이 칼카스를 불러 점을 쳐보게 했다.

점을 쳐본 칼카스가 물었다.

"사령관님, 혹시 최근에 사슴을 한 마리 잡은 일이 있습니까?"

"가만 있자…… 있네. 지난번 사냥 나갔을 때 사슴 한 마리를 잡은 일이 있네."

아가멤논이 대답했다. 그러자 칼카스가 연합군에 재앙이 내린 까닭을 설명했다.

"큰일 났습니다, 사령관님. 그 사슴은 여느 사슴이 아니었습니다. 사냥의 수호 여신이자 사슴의 수호 여신이신 저 아르테미스 여신께 바쳐진 사슴이었습니다. 아르테미스 여신의 저주가 내려 바람이 불지 않는 것입니다. 돌림병이 연합군을 괴롭히고 있는 것도 바로 그 때문입니다."

뮈케나이의 왕 아가멤논
뮈케나이 왕이자 트로이아 원정군 총사령관이었던 아가멤논으로 추정되는 황금 마스크.

"어떻게 하면 아르테미스 여신의 분을 풀 수 있을까? 제사를 어떻게 지내야 하는 것인지, 다시 한 번 점을 쳐보게."

자기 막사로 돌아가서 점을 쳐본 다음 다시 사령관 막사로 돌아온 칼카스의 표정은 더없이 무거웠다. 사령관이 물었다.

"칼카스, 왜 그런 얼굴을 하고 있는가? 점괘가 어떻게 나왔는데 자네 표정이 그런가?"

"아르테미스 여신은 처녀 신이십니다. 처녀를 산 제물로 바쳐야 아르테미스 여신의 분이 풀릴 모양입니다."

"그러면 노예 중에서 처녀를 골라 제물로 바치면 되지 않는가?"

"……"

"왜 대꾸가 없는가?"

"……사령관님, 이렇게 말씀드리는 것을 용서해주십시오. 아르테미스 여신께서 산 제물로 요구하시는 것은 노예 처녀가 아닙니다."

"아니면?"

"사슴을 죽인 장본인의 딸을 요구하시는 것입니다."

"내 딸을? 이 총사령관의 딸을 말인가?"

아무리 아르테미스 여신께 바쳐진 사슴을 죽였어도 그렇지, 애지중지 키운 딸을 산 제물로 바치기는 어려운 일이다. 하지만 아가멤논은 총사령관이었다.

총사령관이 지은 허물 때문에 연합군이 발이 묶인 채 돌림병에 시달리고 있는 참인데, 딸을 바치지 못하겠다고 끝까지 버티기도 어려운 노릇이었다. 아가멤논은 각 도시국가 왕들의 눈치에 시달리면서 오래 망설이다 마침내 조국 뮈케나이로 사람을 보내어 세 딸 중의 하나인 이피게네이아를 데려오게 했다. 그리스 연합군 중에서도 가장 뛰어난 장군 아킬레우스와 혼인시킨다는 아버지 아가멤논의 전갈을 받은 이피게네이아는 망설임 없이 아울리스로 올라왔다. 신화는 처녀 이피게네이아가 산 제물로 바쳐지는 순간을 이렇게 기록하고 있다.

"이피게네이아가 산 제물로 바쳐지려는 순간 아르테미스 여신은 그 처녀가 가여웠던지 처녀를 그 자리에서 사라지게 했다. 대신 그

아가멤논의 딸 이피게네이아
19세기 독일 화가 안젤름 포이어바흐의 그림. 독일 슈투트가르트 미술관. (왼쪽)
제물로 바쳐지는 이피게네이아
아르테미스 여신상 앞에 제물로 바쳐지는 이피게네이아. 폼페이 벽화. (오른쪽)

자리에다 암사슴 한 마리를 지어놓고는 이를 제물로 흠향했다. 여신은 이피게네이아를 구름에 싸서 타우리스로 데려갔다. 타우리스에서 아르테미스는 이피게네이아를 자기 신전의 여사제로 만들었다."

트로이아 전쟁은 10년 동안이나 계속된다. 이 전쟁에서 그리스 연합군이 트로이아를 멸망시켰다는 것은 이미 잘 알려진 사실이다. 엘렉트라 이야기는 아가멤논이 뮈케나이로 개선하면서 본격적으로 시작된다.

뮈케나이에는 아가멤논의 아내 클뤼타이메스트라와, 남은 두 딸 중의 하나인 엘렉트라가 기다리고 있었다. 아들 오레스테스도 조국에서 개선장군인 아버지를 기다리고 있었어야 마땅하다. 하지만 아가멤논이 귀국할 당시 오레스테스는 뮈케나이에 있지 않았다.

딸 엘렉트라는 어머니가 다른 남자와 정을 통하고 있다는 것을 일찍부터 알고 있었다. 아버지 아가멤논에 대한 애정의 기울기가 여느 부녀 사이의 기울기보다 훨씬 가팔랐던 엘렉트라는 아버지에 대한 어머니의 부정을 용서할 수 없었다. 눈빛이 유난히 빛나고 무서웠던 엘렉트라는 아버지가 귀국한다고 해서 어머니가 간부 아이기스토스와의 사랑을 포기하지 않으리라는 것도 꿰뚫어 보고 있었다. 그렇다면 아버지가 귀국할 경우 어머니는 간부와 짜고 아버지를 살해할지도 모르는 일이 아닌가? 어머니의 심상치 않은 애정 행각에서 피 냄새를 맡은 엘렉트라는 아버지가 귀국하기 훨씬 전에 동생 오레스테스를 포키스 땅으로 보내버렸다. 아가멤논이 귀국할 당시 오레스테스는 포키스의 왕자 퓔라데스와 형제처럼 지내면서 우정을 다지고 있었다.

　트로이아에서 귀국한 개선장군 아가멤논 곁에는 멸망한 트로이아의 공주 카싼드라가 앉아 있었다. 카싼드라는 아름다운 공주였다. 트로이아 전쟁 당시, 프뤼기아의 왕자 코로이보스, 카베소스 왕자 오트뤼오네오스가 오직 카싼드라 공주의 환심을 사기 위해 트로이아의 프리아모스를 군사적으로 지원했을 정도였다. 카싼드라는 예언의 신 아폴론의 사랑을 독차지하기도 했다. 아폴론은 예언술을 가르쳐주는 대신 카싼드라에게 사랑을 요구했다. 하지만 카싼드라는 예언술을 배운 뒤에도 아폴론에게 사랑을 허락하지 않았다. 화가 난 아폴론은 단 한 번의 입맞춤으로 카싼드라의 예언술 중에서 설득력을

비운의 트로이아 공주 카싼드라
아폴론에게서 예언술을 배웠지만 설득력을 빼앗기는 바람에 아무도 설득할 수 없는 비운의 트로이아 공주 카싼드라. 19세기 독일의 화가 겸 조각가 막스 클링거의 작품.

카싼드라의 봉변
트로이아 전쟁 당시 연합군 장수 아이아스로부터 봉변을 당하는 카싼드라. 기원전 370년경 제작된 돋을새김.

빼앗아버렸다. 트로이아 전쟁이 조국 트로이아를 잿더미로 만들리라는 것을 카싼드라는 알고 있었다. 하지만 카싼드라의 예언술에는 설득력이 빠져버린 다음이어서 카싼드라의 예언은 어떤 트로이아인도 설득할 수 없었다.

아가멤논의 아내에게, 지아비 곁에 아름다운 트로이아 공주(비록 전쟁 포로 혹은 노예의 신분이기는 하지만)가 앉아 있는 것을 목격하는 순간은 지아비 살해 결심을 결정적으로 굳히는 순간이기도 했다. 클뤼타이메스트라는 딸 이피게네이아의 희생을 명분으로 내세웠다. 그는 지아비를 원망함으로써 지아비 살해 명분을 축적했다.

"이피게네이아는 그대 딸이지만 내 딸이기도 합니다. 그대에게는 그대의 허물로 인한 죄를 씻기 위해 내 딸 이피게네이아를 희생시킬 권리가 없었습니다. 나는 그대를 용서할 수 없습니다."

클뤼타이메스트라는 이렇게 주장했지만 그것은 핑계에 불과했다. 아이기스토스와의 밀애로 클뤼타이메스트라는 이미 돌아올 수 없는 다리를 건넌 지 오래였다. 희생 제물이 된 딸 이피게네이아는 핑계에 지나지 않았다.

비극 작가 아이스퀼로스에 따르면 아가멤논이 뮈케나이성으로 개선했을 때 클뤼타이메스트라는 남편을 장황하게 찬양하고는 자줏빛 비단을 바닥에 깔게 하고 남편으로 하여금 그 비단을 밟고 궁전으로 들어서게 한다. 아가멤논은 처음에는 이것을 거절한다.

총사령관 아가멤논
트로이아 전쟁의 인질 브리세이스를 기다리는 아가멤논. 18세기 화가 조반니 바티스타 티에폴로의 그림.

"그대의 칭송은 어찌 그리도 긴가요? 나를 찬양하는 말이라면 내 아내가 아닌 다른 사람들 입에서 나와야 마땅한 것이 아니오? 비단을 깔지 말아요. 비단을 밟으면 나 자신이 오만하게 보일 것이오. 이런 대접은 신들에게나 어울리는 것, 인간에게는 어울리지 않아요. 그리고 이런 비단이나 화려한 환영 잔치가 아니더라도 내 명예에는 손상이 가지 않아요."

백성들 눈에 오만방자하게 보일 것을 염려한 아가멤논은 부하들에게 자신의 가죽신을 벗기게 하고는 맨발로 비단을 밟는다. 아가멤논의 오만방자한 모습을 백성들에게 보여주고자 했던 클뤼타이메스트라의 계획은 좌절된다.

뮈케나이로 끌려온 트로이아 공주는 아가멤논과 자신이 그날 밤에 살해되리라는 것을 알고 있다. 하지만 설득력을 빼앗긴 예언이어서 카싼드라는 어떤 사람도 설득해내지 못한다.

사랑하는 아버지가 어머니와 어머니 애인의 손에 살해되자 엘렉트라는 복수를 결심한다. 하지만 어머니와 어머니 애인의 감시망은 엘렉트라에게 틈을 주지 않는다. 엘렉트라는 포키스 땅으로 사람을 보내어 일찍이 자기 손으로 피신시켜 둔 오레스테스에게 이 소식을 알린다. 하지만 오레스테스에 대한 절망적인 소문이 날아든다. 오레스테스가 마차 경기 도중에 목숨을 잃었다는 소식이다. 엘렉트라에게 이제 더 이상 희망이 없다. 절망에 빠져 있던 엘렉트라 앞에 두 젊은이가 나타난다. 두 젊은이 곁에는 항아리를 든 노예가 하나 딸려 있다. 소포클레스의 비극 『엘렉트라』에서 가장 드라마틱한 부분이라고 할 수 있는 이 장면만은 희곡을 직접 읽어보자.

젊은이　거기 계신 아주머님들(무대 위의 합창대원들), 우리가 바로 찾아왔나요?

합창대장　어디를 찾아다니시는데요? 무슨 일로 오셨는데요?

젊은이　나는 아이기스토스의 궁전을 찾아왔습니다.

합창대장　바로 찾아오셨군요. 길 가르쳐드린 분이 제대로 가르쳐주신 것이군요.

젊은이　그러면 궁전 안으로 소식을 넣어주실 수 있겠지요? 내가, 궁전에서 목마르게 기다리던 소식을 가져왔다고요.

합창대장　(엘렉트라를 가리키며) 이 아가씨가 바로 궁전에 계시는 분이랍니다.

젊은이　그렇다면 아가씨, 포키스에서 온 사람이 아이기스토스 님을 찾는다고 전해주시지요.

엘렉트라　설마, 내가 들은 소문(오레스테스가 목숨을 잃었다는)의 증거를 가지고 온 것은 아닐 테지요.

젊은이　어떤 소문인지 나는 알지 못합니다. 나는 포키스 왕에게서 오레스테스의 소식을 전하라는 명을 받고 왔을 뿐입니다.

엘렉트라　소식이라니. 아, 무서워라.

젊은이　보시다시피, 조그만 항아리에 세상 떠난 오레스테스의 유골을 넣어 왔습니다.

엘렉트라　아, 내 눈으로 보아야 하다니.

엘렉트라의 남동생 오레스테스
오레스테스는 누나 엘렉트라와 함께 아버지의 복수를 한다. 오레스테스의 뒤로 삼각대를 감은 뱀이 보인다.

서울에 온 '오레스테스'
델포이에서 '어머니와 어머니의 애인'을 죽이라는 신탁을 받은 직후의 오레스테스. 배경에 보이는, 삼각대와 나무를 감고 있는 뱀이, 이곳이 세계의 중심인 델포이임을 암시한다. 로마 시대의 돋을새김. 예술의전당에서 열린 '그리스 로마 신화전'에서.

젊은이	……이 항아리에 그분의 유골이 들어 있습니다.
엘렉트라	아, 그리운 오레스테스를 이렇게 만나야 하다니. 너를 떠나보낼 때는 희망에 들떠 있었더니 이제 절망 속에서 너를 맞이하는구나. 집 떠날 때는 그리도 씩씩하더니 이리도 초라한 모습으로 돌아왔구나……. 이제 모든 것은 끝났다. 아버지도 떠나셨고, 너도 갔다. 아느냐? 원수들이 우리를 비웃는 것을? 어머니 아닌 어머니의 환호작약을? 이제 나도 저승으로 내려가 네 무덤으로 들어가고 싶구나.
젊은이	아, 무슨 말을 해야 할까? 무슨 말을 해야 한단 말인가? 더 이상 은 이 날뛰는 혀를 걷잡을 수 없구나.
엘렉트라	당신이 왜 그렇게 괴로워하죠? 당신이 왜 그런 말씀을 하시는 거지요?
젊은이	당신이 그 유명한 엘렉트라 공주?
엘렉트라	그래요. 참 딱한 꼴로 살고 있지요.
젊은이	그래요. 기박한 팔자시군요.

(중략)

엘렉트라	아, 불쌍한 오레스테스. 내 손으로 너를 묻어주지 못하다니.
젊은이	불길한 소리 마세요. 당신이 슬퍼해야 할 이유가 없으니까.
엘렉트라	동생의 죽음을 슬퍼하는 것도 잘못인가요?
젊은이	동생을 그렇게 말해서는 안 됩니다.
엘렉트라	나는 죽은 동생에게 부끄러운 누이랍니다.
젊은이	그러실 필요가 없다니까요.

엘렉트라	하지만 내가 들고 있는 이것은 오레스테스의 유골 항아리.
젊은이	오레스테스가 아니에요. 그렇게 꾸몄을 뿐.
엘렉트라	뭐라고?
젊은이	내 말에는 거짓이 없습니다.
엘렉트라	그러면 오레스테스가 살아 있다고?
젊은이	내가 살아 있는 것이 사실이라면 그렇지요.
엘렉트라	오, 신들이시여, 오, 믿어지지 않는구나.

남매의 재회
누나 엘렉트라와 동생 오레스테스의 재회.
1세기의 대리석상.

아버지의 복수를 위해 어머니를 죽이려는 오레스테스
오레스테스가 아이기스토스를 찌른 다음 어머니 클뤼타이메스트라를 돌아보고 있다. 클뤼타이메스트라 뒤에 선 두 여인은 오레스테스의 두 누나 엘렉트라와 크뤼소테미스. 고대의 돋을새김. 코펜하겐 글립토테크 미술관.

　소포클레스의 『엘렉트라』에 따르면 오레스테스는 먼저 어머니를 찌른 다음, 애인의 시신을 보고 얼이 빠진 아이기스토스를 찌른 것으로 되어 있다. 하지만 고대의 돋을새김이나 항아리에는 오레스테스가 아이기스토스의 시신 앞에서 어머니 클뤼타이메스트라를 찌르는 광경이 자주 그려지고는 했다. 오레스테스의 복수가, 아버지 아가멤논에 대한 사랑이 남달랐던 누나 엘렉트라의 치밀한 각본에 따라 이루어졌음은 두말할 나위도 없다.

　자식이 그 어미를 죽이는, 이 되풀이되어서는 안 될 패륜 행위는, 어미 쪽에 죽어 마땅할 죄가 있고 신들의 뜻이 명백히 그러했다는 사실로 그 죄가 덜어질 것이긴 하나, 예나 오늘이나 혐오감을 불러일으키기는 마찬가지였던 모양이다. 복수의 여신 에리뉘에스는 이런 패륜을 복수할 때 가장 잔혹하다. 복수의 여신 에리뉘에스는 오레스테스를 미치게 한 뒤 이 나라 저 나라로 쫓겨 다니게 했다. 친구 퓔라데스는 늘 오레스테스를 따라다니며 돌보고 지켜주었다. 퓔라데스의 도움으로 다시 신의 뜻을 물은 오레스테스는, 스퀴티아 지방 타우리스에 가서 하늘에서 떨어졌다고 전해지는 아르테미스상을

복수의 여신들에게 쫓기는 오레스테스
복수의 여신 에리뉘에스 세 자매는 패륜을 가장 잔혹하게 벌준다. 윌리엄 아돌프 부게로의 그림.

모셔 오라는 괘를 얻었다. 오레스테스와 퓔라데스는 타우리스로 향한다. 이 땅에 사는 야만족에게는, 제 나라로 숨어든 이방인을 하나도 남김없이 잡아 여신에게 제물로 바치는 풍습이 있었다. 오레스테스와 퓔라데스도 이들에게 잡혀 포박당한 채 여신의 제단에 제물로 놓이는 신세가 되었다. 그런데 그 아르테미스 신전의 여사제는 다름

클뤼타이메스트라와 엘렉트라, 모녀의 악연
왼쪽은 19세기 영국 화가 존 콜리어의 〈클뤼타이메스트라〉. 제우스의 딸이요, 트로이아 전쟁의 빌미가 되었던 미녀 헬레네와는 자매지간이다. 오른쪽은 프레더릭 레이턴의 〈아가멤논의 무덤 앞에 선 엘렉트라〉. 엘렉트라는 아버지 아가멤논을 살해한 어머니 클뤼타이메스트라를 죽임으로써 복수한다.

아닌 오레스테스의 누이인 이피게네이아였다.

독자들은, 이피게네이아가 제물로 바쳐지는 순간 아르테미스가 사슴 한 마리를 데려와 대신 희생 제물로 쓰게 하고는 이피게네이아를 데리고 사라졌던 것을 기억하고 있을 것이다. 이피게네이아는 아르테미스 신전의 여사제가 되어 있었던 것이다. 아버지가 지은 죄 때문에 아르테미스 신전에 산 제물로 바쳐졌던 누나 이피게네이아(죽음 직전에 살아난)와, 아버지의 죽음을 복수한 동생 오레스테스(소문으로나마 한 번 죽은 적이 있는)는 이렇게 해서 다시 만났다. 아버지 아가멤논과 어머니 클뤼타이메스트라가 흘린 피가 결국 이들을 다시 만나게 한 것이다. 오레스테스, 이피게네이아, 퓔라데스 이 세 사람은 타우리스의 아르테미스 여신상을 가지고 이 나라를 떠나 뮈케나이로 갔다. 아르테미스 신앙이 그리스 본토에 널리 퍼진 것은 그 뒤의 일이다.

엘렉트라는 아버지의 복수를 끝내기까지 결혼하지 않고 처녀로 머물다, 형제들이 한자리에 모이자 그동안 동생 오레스테스를 보살피던 각별한 친구 퓔라데스와 혼인했다.

사자의 문
아가멤논의 궁전에 이르려면 '사자의 문'이라고 불리는 이 성문을 지나야 한다.

아가멤논 궁전 내부
성문을 지나면 왼쪽에 왕궁으로 오르는 '왕궁길'이 있다. 오른쪽은 왕실 무덤이다. 아가멤논은 이 길을 오르내리다 바로 이 무덤에 묻혔다.

옛 왕궁터
지금은 구름이 주인 노릇을 하는 뮈케나이의 아크로폴리스(높이 솟은 곳)에 있던 뮈케나이의 옛 왕궁 자리.

6장 엘렉트라, 피로써 피를 씻다

아르테미스 여신의 신전은 옛날에는 그리스 여러 곳에 있었다. 하지만 지금 그 유적이 볼만한 상태로 남아 있는 곳은 '브라브로나' 한 곳밖에 없다.

영어로 된 여행 가이드에 '브라브로나'는 '브라우론Brauron'으로 표기되어 있다. 하지만 현지인들은 '브라우론'이라고 하면 알아듣지 못한다. 반드시 '브라브로나Vravrona'라고 해야 알아듣는다.

아르테미스 신전 유적과 이피게네이아의 사당이 있다는 브라브로나에 가보고 싶었다. 아테네에서 동쪽으로 40킬로미터밖에 떨어져 있지 않았다. 하지만 아테네에서 브라브로나로 가는 직행버스가 없었다. 포세이돈 신전이 있는 수니온까지 남하해서 다시 마르코폴로까지 북상하는, 멀고 지루한 여행을 하지 않으면 안 되었다.

『엘렉트라』 이야기는 피비린내가 너무 난다. 나는 아무래도 그 이야기를 아름답게 마무리하고 싶다. 나는 장편소설 『그리운 흔적』에다 '브라브로나' 여행 경험의 일부를 다음과 같이 쓴 적이 있다. 이피게네이아의 흔적은 브라브로나에 고스란히 남아 있었다.

아르테미스 신전을 찾기 사흘 전에 찾아 올라간 아크로폴리스 대리석산 위의 아테나 신전은 불볕에 하얗게 타고 있었다. 나는 아크로폴리스에서 갈증에 시달렸다. 그보다 이틀 전에 찾아간 올림피아의

아르테미스 신전
브라브로나에 있는 아름다운 아르테미스 신전.

　제우스 신전도 불볕에 시커멓게 그을려 있었다. 나는 거기에서도 갈증에 시달렸다. 전날 찾아간 델포이의 아폴론 신전에서도 나는 물 구경을 하지 못했다. 물이 있기는 했지만 식수로는 알맞지 않다고 했다.
　유럽 대륙의 남단에 해당하는, 포세이돈 신전이 있는 수니온곶에서 내륙의 소도시 마르코폴로를 바라고 북상했다. 독일제 벤츠 택시가 마르코폴로 마을의 광장에 서 있었다. 지도 위의 '브라브로나'를 가리켰다. 나이 지긋한 운전사가 청미래 뿌리같이 굵은 백발을 쓰다듬고는 종이를 꺼내어 '1,500드라크마'라고 썼다. 나는 '2,000드라크마'라고 썼다. 운전사가 희한한 사람 다 본다는 듯이 고개를 갸웃거리면서 웃었다. 몇 차례 당해본 경험이 있어서 나는 잘 알고 있었다. 택시 삯의 경우, 유리한 흥정이 반드시 유리한 것만은 아니었다. 너무 싼 삯에 흥정해놓으면 택시가 다시 들어오지 않아, 불볕더위에 속을 끓이기 십상이었다. 나는 나이 지긋한 운전사의 눈앞에 시계를 들이대고는 '3' 자를 가리켰다. 운전사는 고개를 끄덕이면서 소리쳤다.

"뜨리 타임, 아이 바끄(3시에 모시러 오겠습니다)!"

아르테미스 여신의 신전이었다.

아르테미스는 모순덩어리 여신이다. 아르테미스는 동물의 수호 여신이자 사냥의 여신이다. 순결을 고집하는 여신이자 출산을 돕는 여신이다. 브라브로나로 향할 당시 나의 뇌리를 떠나지 않던 의문이 하나 있었다. 그것은 아르테미스 여신이, 여성이 순결을 잃는 것은 절대로 용납하지 않으면서도 임산부의 출산은 돕는 까닭이었다.

매표소는 있는데 매표원이 없었다. 주위를 둘러보면서 조심스럽게 들어갔더니, 뚱뚱한 매표원 처녀가, 신전 기둥 사이에 자란 풀을 깎는 총각과 노닥거리고 있었다. 매표원은 처녀가 아닐 수도 있었다. 그러나 영원한 순결을 서약한 처녀 신 아르테미스의 신전 매표원이면 처녀가 아닐 까닭이 없겠다 싶었다.

그런데 풀 깎는 총각 모습이 눈에 섰다. 맙소사, 풀을 깎다니…… 풀이 아니었다. 갈대였다. 내 길로 세 길은 되어 보이는 갈대였다. 기둥이 18개나 남은 신전 터를 바라보다가 나는 눈을 의심했다. 나는 깎아야 할 만큼 풀이나 갈대가 그토록 무성하게 자라 있는 신전을 본 적이 없었다.

　잘 알려져 있다시피 달의 여신이라고도 불리는 아르테미스는 아폴론의 누이다. 아폴론은 태양신이라고도 불리는데 그의 신전은 델포이에 있다. 파르나쏘스 산자락에 있는 델포이 신전은 그리스 땅에서 양기가 가장 센 것으로 유명하다. 제우스가 독수리 두 마리를 동쪽과 서쪽으로 날려 보냈더니 세상을 한 바퀴 돌아 델포이에서 만나더란다. 세계의 중심을 상징하는 원추형 바위 '옴팔로스(세계의 배꼽)'가 있는 곳도 바로 이 델포이다. 델포이의 아폴론 신전은 깎아지른 듯한 험한 바위산 기슭에 자리한 메마른 신전이다. 하늘을 찌를 듯한 창날 모양의 실편백나무와 편도나무가 드문드문 자라고 있을 뿐, 내 눈에 델포이는 거대한 돌무더기에 지나지 않아 보였다.

　그런데 아르테미스 신전은 포플러, 버즘나무, 무화과, 유칼립투스에 둘러싸여 있었다. 거목으로 이루어진 숲과 신전 기둥 사이에는 갈대밭이 있는데 그 갈대의 키는 큰 세 길에 이르렀고 굵기는 곁에 대고 견주어본 나의 엄지손가락이 오히려 가늘어 보였다. 신전 기둥 아래로 배수로가 있어서 시선으로 그 배수로를 좇아가보니, 세상에…… 거울같이 맑은 샘이 있었다. 바닥의 모래알들이 부지런히 버섯 꼴로 원운동을 하고 있는 것으로 보아 끊임없이 맑은 물이 솟는 샘이었다. 신전 기둥 밑에서 샘으로 이르는 물길 가로는 질경이가 자라 있었는데, 잎 크기는 웬만한 쥘부채만 하고, 수직으로 솟은 씨대궁이는 석 자에 가까웠다. 그 맑은 샘에서 자라고 있는 수련은, 아래에서 솟아오르는 물에 몸을 맡기고 함께 일렁거렸다. 나는 그리스 땅에서 샘물이 솟는 신전, 음기가 따뜻하게 감도는 포근한 신전은 본 적이 없었다. 수면을 내려다보았다. 솟아오르는 물이라서 수면이 고르지 않았다. 그러나 그것은 밀턴의 말대로…… '어느 동굴에서 흘러나와 작은 하늘인 듯이 고여 있는' 그런 물이었다. 나는 그곳으로 다가가, 또 하나의 하늘인 듯한 그 물을 내려다보았다. 들여다보았더니 물결 속에서 홀연 한 모습이 나를 바라보고 있었다…….

가슴이 두근거리면서 갈증이 느껴졌다. 그러나 그 갈증은 아크로폴리스에서, 델포이에서, 올림피아에서 느꼈던 그런 갈증이 아니었다. 브라브로나는 불모의 터, 불임의 터가 아니었다. 생성의 터, 회임의 터였다. 뜨거운 침이 덩어리째 목구멍을 넘어갔다. 그런데 그것이 곧 또 하나의 갈증이 되었다.

몸피가 실한 매표원 처녀는 유칼립투스 나무를 등지고 선 채, 샘가에 쪼그리고 앉은 나를 바라보고 있었다.

"유칼립투스, 맞죠?"

내가 물어보았다.

"유칼립투스, 노, 에프칼립토스, 예스(유칼립투스가 아니라 에프칼립토스예요)……."

처녀가, 늘어진 유칼립투스 가지에서 잎을 훑어 보여주면서 덧붙였다. 버드나무 잎과 비슷했다. 크기가 좀 더 크고, 잎 뒤쪽이 희뜩한 것이 버드나무 잎과는 달랐다.

"에프칼립토스…… 리프…… 핫 워터…… 드링크…… 쿨럭쿨럭…… 베리 굿(에프칼립토스 잎을 따서 뜨거운 물에 담갔다가 그 물을 마시면 감기에 아주 좋아요)."

토막말이어도 발음이 매끄러웠다. 내가 아시아인이라는 것을 배려한 것임에 분명한 영어였다.

"영어, 그렇게 안 해도 돼요."

"아하, 영어를 하시는구나, 얏호, 영어를 하시는구나!"

처녀의 얼굴이 밝아졌다.

"왜 그렇게 반가워해요?"

"지껄이지 못했거든요. 하루 종일…… 이 시골구석까지 오는 관광객, '핫시즌(성수기)' 지나면 거의 없어요."

"내가 들어오면서 보았는데? 나 들어오기 직전까지 풀 깎는 총각과 노닥거렸잖소?"

"저 친구 말씀인가요? 그리스로 들어온 지 얼마 안 된 쿠르드인이라서 말이 안 통해요. 선생님은 '끼노(중국인)'? '야뽀네제(일본인)'?"

"한국인이오."

"와, 한국인, '윤다이'!"

"현대!"

"우리는 '에이치H' 발음 잘 안 해요. 갓 딴 무화과 하나 들어보실래요? 사실은 딴 게 아니고 떨어진 것이지만요."

처녀가 아기 주먹만 한 무화과를 한 알 내밀었다. 과육 속에서 무리 지어 피었다 졌을 터인 자줏빛 꽃의 흔적이 선연했다.

"무화과…… 요즘은 과일 대접 못 받아요……. 옛날에는 말려서 수출하고 그랬는데…… 더 맛있고 싼 과일이 너무 많아서…… 싫어

하세요?"

"싫어한다기보다는…… 새 먹을거리에 도전하는 거, 훈련이 잘 안 되어 있어서요."

피부가 가무잡잡한 쿠르드인 일꾼이 지나가면서 태권도의 '상단 막으면서 중단 지르기' 시늉을 해보였다. 늦여름 더위에 혀를 빼물고 비실거리는 그리스인들에 견주어 그 쿠르드인은 그렇게 씩씩해 보일 수 없었다.

"메마른 신전 돌무더기는 무수히 보았지만…… 아르테미스 신전…… 정말 아름답군요? 주위의 경관도 아름답고요. 나는 샘이 있는 신전 터를 처음 보아요."

"……거룩한 곳이니까요."

"여성의?"

"아뇨, 남성의……."

"에이, 처녀 신 아르테미스의 신전이 남성의 성소라니? 아폴론의 신전은 여성의 성소가 아니지 않소?"

"아르테미스 여신이 왜 처녀 신인지 아세요?"

"그거야 아르테미스가 제우스에게 순결을 서약했으니까……."

"오라버니 때문이라고요."

"아폴론?"

"태양신 아폴론은 아르테미스의 오라버니죠. 아르테미스 여신은 달의 여신이기도 하니까요. 순결을 서약하지 않으면 오라버니 곁을 떠나야 하게요? 그래서 오라버니만 사랑했대요. 오라버니만 사랑했

사슴을 데리고 하강하는 아르테미스 여신
이마에 초승달 장식을 단 아르테미스 여신이 사슴 한 마리를 데리고 제단으로 내려오고 있다. 조반니 바티스타 티에폴로의 〈이피게네이아의 희생〉.

으니…… 영원한 처녀였을 수밖에요."

"딴은 그렇기도 하네? 말이 나온 김에 하나 물어봅시다. 아르테미스 여신은 순결을 잃는 처녀들을 아주 싫어하죠?"

"특히 자기가 거느리는 여사제들 중에 그런 여사제가 있으면 절대로 그냥 두지 않았죠. 남성의 힘에 눌려 순결을 잃어도 그냥 안 두고요……. 자기 아버지 제우스 손에 순결을 잃어도 그냥 두지 않았어요."

"그런데 어째서 임신부의 출산은 도와준다지요? 그리스인들은 이걸 어떻게 설명해요?"

"아르테미스를 달의 여신이라고들 하는데…… 저는요, 달의 여신이라기보다는 '멘스트레이션'의 여신이 아닐까 싶어요. 순결을 잃으면 '멘스트레이션'이 '스톱'하잖아요?"

"그렇다면 임신부의 출산을 도와주는 건 어떻게 설명하지요?"

"출산해야 그게 또 시작되니까요……. 저 샘물이 솟고 고이고 넘치듯이……."

"저 샘물은 마르지 않나요?"

"마른 적이 없다고 해요. 자그마치 3천 7백 년 동안이나…… '영원히 마르지 않는다'라고 해도 좋지 않을까요? '남성의 성소'는 제가 만든 말인데…… 마음에 드세요?"

"……글쎄, 이국 처녀와 나누기에는 적당한 대화가 못 될 것 같네요……."

"그러실 거 없어요. 저 위를 보세요."

매표원 처녀의 손가락 끝을 따라 시선을 옮겼다. 신전 뒤편, 비잔티움식 교회 옆에 조그만 사당이 있었다. 사당 뒤에, 죽은 나무가 한 그루 서 있었다. 소나무 같았다.

"이피게네이아의 사당이에요."

"이피게네이아?"

"아가멤논 장군의 딸…… 이피게네이아. 아가멤논…… 트로이아 전쟁 당시 그리스군 총사령관이었어요. 총사령관은 트로이아로 함대를 출항시키기 직전에, 아르테미스 여신의 숲에서 사슴을 한 마리 잡아 제사를 지내죠. 사슴의 수호 여신인데 아르테미스 여신이 참는

이피게네이아의 흔적
아르테미스 축제 때가 되면 처녀들이 암곰으로 변장하고는 아르테미스를 찬양한다. 축제에 참가하던 처녀들의 숙소는 바로 이피게네이아의 사당이다.

데요? 바람을 '스톱'시켜버렸어요. 바람이 불어야 함대를 출항시킬 수 있는데, 그런데 바람 한 점 불지 않았죠. 그래서 총사령관이 사람을 델포이로 보내어 신탁을 받아보니…… 총사령관의 딸 이피게네이아를 산 제물로 바쳐야 아르테미스 여신의 분이 풀린다는 괘가 나왔더라죠. 그래서 총사령관은 눈물을 머금고 딸 이피게네이아를 산 제물로 바쳤는데……."

"사슴 한 마리 때문에 처녀를 말이오?"

"안 되나요?"

"나는 처녀 때문에 희생된 사슴 이야기는 들은 적도 있고 한 적도 있소만…… 이피게네이아 처녀는 그래, 어찌 되었지요?"

"……죽게 내버려두지 않고 여신이 이곳으로 데려와 여사제 삼으셨다고 하지요. 죽을 때까지 여신을 섬기게 하셨다지요."

"신전 터가 이렇게 습한데도 사당 뒤의 저 나무는 말라 죽었군요? 소나무 같네요?"

"죽은 것이 아니고요…… 건기인 여름에는 늘 저런 모습이래요. 10월이 되어 비가 오기 시작하면 소생하고요…… 다른 나무는 괜찮은데 유독 저 소나무만 1년에 한 차례씩 죽었다 살았다 한대요."

그동안의 무료를 수다로 달래는 처녀에게서 눈길을 거두자면 핑계가 있어야 했다. 마침, 무화과 만진 손이 끈적거렸다. 손 씻는다는 핑계로 샘 쪽으로 발을 옮겼다.

"그쪽으로는 못 들어가셔요."

처녀가 샘가를 가리키면서 손을 내저었다. 샘이 가느다란 줄로 둘리어 있었다. 처음 보는 금줄이었다. 나와 이야기를 나눌 동안 처녀가 무슨 요술이라도 부린 것 같았다.

"아까는 갔었는데……."

"아까는, 모처럼 들어오신 손님이시라 하도 반가워서 모르는 척했지만 규칙이 엄연한데 또 그럴 수는 없죠……."

들어온 직후에는 금줄이 있는 줄도 모르고 그 줄 밟고 샘가로 접근했던 모양이었다. 출입금지 구역으로 들어갈 수 없어서 바지에다 손을 닦고 있는데 처녀가 말을 이었다.

"……전에는 샘이 일반에 개방되어 있었대요. 그런데 내국인 외국인 할 것 없이 연세 지긋한 아주머니들이 신전에 들어왔다 하면 그 샘물에다 손을 담그고 신세 자탄을 하는 통에…… 최근에 금줄을 쳐서 출입금지 구역으로 만들었다고 하더군요."

"아주머니들이 왜 그랬을까?"

"글쎄요…… 그래서 버림받은 여성들에게, 아니 폐경기를 맞은 여성이라는 말이 좋겠어요. 그러니까 그런 여성들에게 저 샘이 성소였던 것은 아닐까 싶어서 제가 그렇게 불러보았어요."

"아까는 남성의 성소라고 하지 않았소?"

"우리 그리스인들은요, 서로 사랑하는 사람들은 같은 성소에다 불을 켠답니다. 그런데…… 택시 부르셨어요?"

벤츠 택시가 신전 입구로 꽁무니를 집어넣고 있었다. 내가 택시에 오르자 뚱뚱한 매표원 처녀가 손을 흔들었다. 나도, 내 마음의 성소가 어디 있는지 귀띔해준 그 처녀에게 손을 흔들었다.

7장
사타구니로 무덤을 판 테레우스

GREEK
AND
ROMAN
MYTHOLOGY

테레우스의 자멸

미국의 전쟁 역사가 리처드 아머는 이렇게 주장한다.

"호전적인 민족은 북쪽에서 덮쳐 내리듯이 남하하는 경향이 있다. 추위로부터 탈출하고 싶은 데다, 푸르죽죽한 뺨을 장밋빛으로 물들이는 데는 칼 휘두르기, 창던지기보다 더 나은 특별 활동이 없기 때문이기도 할 것이다."

남쪽의 도시국가 아테나이가 외적의 침입을 맞을 때마다 번번이 군사를 보내어 돕던 나라는 북쪽 나라 트라키아다. 북쪽 나라로 남쪽 나라 아테나이를 쑥대밭으로 만든 대표적인 나라가 바로 마케도니아다. 아테나이 시민들이 보기에 마케도니아의 필리포스는 '호전적인 북방 민족'이었다.

아테나이 사람들은 트라키아 사람들을 '그라디보스의 자손들'이라고 불렀다. '그라디보스'는 '진군하는 자'라는 뜻으로 전쟁신 아레스의 별명이다. 그리스인들은 미개의 땅 북쪽 나라 트라키아인들은 모두 아레스의 후손인 줄 알았다.

복수의 여신 에리뉘에스
에리뉘에스는 주로 횃불이나 채찍을 든 무서운 모습으로 그려진다.

 장군 테레우스가 위기에 빠진 아테나이를 군사적으로 지원했을 때, 아테나이 왕 판디온은 테레우스를 '아레스의 후손'으로 여기고 그와 끈을 맺어두기 위해 딸 프로크네를 주어 사위로 삼기로 했다. 그러나 이들의 결혼식에는, 거룩한 결혼과 가정의 수호 여신 헤라도, 결혼의 신 휘메나이오스도, 아름다움의 여신인 카리테스 세 자매 여신도 그 모습을 나타내지 않았다. 이들 대신 저 무서운 복수의 여신 에리뉘에스가 화장터에서 옮겨 붙인 횃불을 들고 찾아왔을 뿐이다. 에리뉘에스의 등장은 이 집안에 생길 불길한 일을 암시한다.

 트라키아 백성들은, 이들의 앞날에 어떤 일이 기다리고 있는 줄도 모르고 왕과 왕비가 맞은 경사를 축복했고, 왕과 왕비는 자기네 일족과 왕국에 내린 은총을 신들에게 감사했다. 테레우스는, 자신과 저 판디온의 딸 프로크네가 결혼한 날을 축제일로 선포한 데 이어 아들

올림포스의 미용사들
카리테스 세 여신은 신들의 몸단장을 담당한다.

이튀스가 태어난 날도 명절로 삼았다. 하기야 인간이 무슨 수로 한 치 앞을 볼 수 있으랴!

세월이 흘러 가을이 다섯 번 지나간 어느 날 프로크네가 어리광을 부리느라고 지아비 테레우스에게 이런 말을 했다.

"저를 사랑하신다면 아테나이로 사람을 보내어 제 친정 동생을 이리 오게 하든가 전하께서 몸소 가셔서 좀 데려다주세요. 제 아버지께는, 곧 돌려보내겠다고 하시고요. 필로멜라를 만나게 해주신다면 저에게 이보다 나은 선물이 없을 것입니다."

이 말을 들은 테레우스는 곧 배를 준비하라고 일렀다. 그러고는 날을 잡아 트라키아를 떠나, 돛과 노의 힘을 두루 빌려 아테나이에 이르렀다.

장인 판디온과 사위 테레우스는 만나자마자 얼싸안고 그간 밀리고 밀린 긴긴 회포를 풀었다. 테레우스는 자기가 아테나이에 온 까닭은 다른 데 있는 것이 아니라 아내의 청을 받고 처제를 데리러 온 것인 만큼 함께 가게 해주면 오래지 않아 돌려보내주겠노라고 말했다.

장인과 사위가 이런 말을 나누고 있는데 마침 필로멜라가 들어왔다. 필로멜라는 아름다운 옷을 차려입고 있었으나 바탕의 아름다움에 견주면 오히려 옷 치장이 무색할 정도로 고왔다. 필로멜라의 용

횃불을 든 아프로디테
프랑스의 화가 피에르폴 프뤼동의 〈아프로디테의 횃불〉. 애욕의 여신 아프로디테뿐 아니라 사랑의 신 에로스, 결혼의 신 휘메나이오스 등은 횃불과 함께 그려지곤 한다.

모는, 물의 요정들인 나이아데스나 깊은 숲속에 사는 나무의 요정들인 드뤼아데스를 묘사하는 데 어울리는 말로써나 설명할 수 있을 만큼 아름다웠다. 아니, 이들이 필로멜라처럼 단장하지 않는다면 그런 말도 모자랄 것 같았다.

필로멜라를 보는 순간 테레우스의 가슴속에서는 욕망의 불길이 오르기 시작했다. 이 불길은, 마른 옥수수 대궁이 아니면 건초 창고를 태우는 불길만큼이나 빠른 속도로 테레우스의 가슴속을 번져갔다. 필로멜라의 아름다움이라면 능히 그럴 만했다. 그러나 테레우스는 성격이 뜨겁고도 급했다. 따라서 필로멜라의 아름다움 앞에서 여느 사람 이상으로 애가 탔다. 원래 트라키아 사람들은 지극히 감정적이다. 이 민족성과 테레우스 자신의 성격 때문에 이 불길은 삽시간에 도저히 잡을 수 없는 지경에 이르렀다. 테레우스는, 자기 왕국을 털어서라도 필로멜라를 옹위하는 시녀들에게 뇌물을 주고, 필로멜라를 기른 유모에게 후한 상을 내리고, 필로멜라 자신에게도 귀한 선물을 안기고 싶다는 충동, 필로멜라를 납치하여 멀리 데려다놓고는 이 아름다운 볼모를 지키기 위해서 목숨을 바치고 싶다는 충동을 느꼈다. 이 고삐 풀린 충동에 따른다면 테레우스에게는 못 할 일이 없을 것 같았다.

테레우스의 가슴은 안에서 번지며 타오르는 불길을 이기지 못했다. 그에게, 장인의 궁전에 더 머무르는 것은 견딜 수 없는 일이었다. 그는 한시바삐 아내 프로크네가 바라던 대로 필로멜라를 데리고 떠나 자기 속마음을 고백하고 싶어 견딜 수 없었다. 사랑에 신들린 그의 말은 청산유수였다. 그는 필로멜라를 데려가게 해달라는 자신의 요구가 무리라면, 그 책임은 바로 그 일을 맡긴 프로크네에게 있다고 강변했다. 그는 이야기가 잘 풀리지 않자 눈물을 흘리며 호소하기까지 했다. 마치 프로크네가 그렇게 하라고 시키기라도 한 듯이…….

오, 신들이시여, 이렇게 눈이 먼 인간들을 굽어살피소서.

테레우스가 검은 마음을 품고 이렇듯이 고집을 부리는데도 아테나이 백성들은 그를 참으로 보기 드문 애처가라고 칭송했다. 결국 그들은 악행할 음모를 꾸미는 테레우스를 칭송하고 있는 셈이었다. 심지어는 필로멜라마저 그의 애절한 소망을 편들었다. 필로멜라는 두 팔로 아버지의 목을 안고 형부를 따라가 언니를 만나게 해달라고 응석을 부렸다. 아버지는 딸이 좋아한다면 그렇게 해주고 싶어 했다. 그러나 형부를 따라가라는 말 한마디가 딸을 위하는 길이 아니라는 사실을 그가 알 리 없었다. 테레우스는, 아버지를 조르는 필로멜라를 보면서 이미 마음속으로는 이 공주를 품에 안는 상상을 하고 있었다. 필로멜라는 아버지의 목을 안은 채로 아버지의 뺨에 입을 맞추었는데, 바로 이 광경이 테레우스의 불붙은 욕망에 끼얹는 기름이자 불길에 던져지는 섶이었다. 딸이 아버지 판디온을 껴안는 것을 보는 순간, 테레우스는 자신이 판디온이었으면 얼마나 좋을까 하는 생각으로 속을 끓였다.

마침내 아버지 판디온은 두 딸, 그러니까 동생을 보고 싶다는 큰딸 프로크네와 언니를 보고 싶다는 작은딸 필로멜라의 간절한 소망

앞에서 굴복했다. 필로멜라는 기뻐 날뛰면서 아버지에게 고맙다는 말을 수도 없이 했다. 이 가엾은 필로멜라는 아버지가 승낙함으로써 자신과 언니 프로크네는 승리를 얻었다고 생각했다. 이로써 둘 다 파멸하게 되는 줄도 모르고…….

 태양신 포이보스가 갈 길은 얼마 남아 있지 않았다. 그의 천마들은 저녁으로 통하는 비탈길을 숨 가쁘게 달리고 있었다.

하늘을 가로지르는 태양 마차
고대 그리스인들은 포이보스 헬리오스(빛나는 헬리오스) 혹은 포이보스 아폴론(빛나는 아폴론)이 빛나는 태양 마차(그림의 위쪽)를 몰고 하늘을 가로지른다고 믿었다. 니콜라 푸생의 〈플로라의 천국〉.

왕실에는 잔칫상이 차려져 있었다. 황금 술잔은 포도주로 그득그득했다. 이 잔치가 끝나자 손님들 모두가 술에 취해 잠이 들었다. 그러나 트라키아 왕 테레우스는 잠자리에 들었는데도 잠을 이룰 수가 없었다. 공주를 생각하고 있었으니 잠이 올 턱이 없었다. 테레우스는 필로멜라의 얼굴, 필로멜라의 몸짓을 그리며, 자기가 보지 못한 것, 그러나 오래지 않아 마침내 자기 차지가 될 것들을 상상했다. 요컨대 그의 욕정은, 잠을 이루기에는 너무 뜨거웠다.

새벽이 오자 테레우스는 귀국을 서둘렀다. 판디온왕은 그의 손을 잡고 눈물을 흘리면서, 데려가는 딸을 잘 보살펴달라고 당부한 다음 이런 말을 덧붙였다.

"여보게, 자네의 간곡한 부탁을 받고 보니 내게는 선택의 여지가 없어졌네. 그래서 자네의 간절한 소망에 따라 이 딸마저 자네에게 딸려 보내네. 테레우스, 이제 나는 두 딸을 자네에게 맡기고 말았네. 내, 자네의 명예에 기대고, 하늘에 계신 신들을 증인 삼고, 우리를 이렇게 하나 되게 한 장인과 사위라는 관계를 믿고 부탁하네만, 이 아비를 대신해서 이 아이를 잘 돌보아주고, 되도록이면 하루라도 빨리 내게로 보내주게. 나는 이 아이를 내 늘그막의 낙으로 여기고 사네. 때가 오면 이 아이마저 떠나보내야 하겠지만……. 그리고 너 필로멜라, 네가 이 아비를 사랑하거든 되도록이면 하루빨리 돌아오너라. 네 언니가 친정에서 멀리 떨어져 있는 것만으로도 내 가슴은 이미 넉넉하게 아프다. 그러니 네가 이 아비의 마음을 헤아려 속히 돌아오도록 하여라."

이 말끝에 판디온왕은 소리 없이 울면서 이 딸과 작별 인사를 나누었다. 딸과 작별 인사를 나눈 왕은 테레우스와 필로멜라의 손을 잡고 약속을 지킬 것을 맹세하게 한 다음 이 둘의 손을 잡게 하고는, 멀리 떠나 있는 딸과 외손자에게 안부를 따뜻이 전하라고 당부했다. 목이 메었던지 판디온왕은 더 이상 말을 잇지 못했다. 그의 마음에는, 근심과 걱정과, 이들에게 당부하고 싶은 말이 쌓이고 쌓였을 텐데도…….

이윽고 필로멜라가 배에 올랐다. 바다가 노 끝에서 뒤로 밀려남에 따라 육지도 멀어지기 시작하자 미개한 나라의 왕 테레우스는 외쳤다.

필로멜라와 프로크네
19세기 미국 화가 엘리자베스 가드너의 그림.

"내가 이겼다. 나는 드디어 그렇게 손에 넣기를 바라던 공주와 한 배에 올랐다!"

승리에 도취된 테레우스는 그토록 기다리던 그 사랑의 순간을 더 이상은 기다릴 수 없었던지 안절부절못했다. 그는 자신의 전리품에서 눈을 떼지 못했다. 그의 모습은 발톱으로 메토끼를 채어 제 둥지에다 내려놓고, 오갈 데 없는 이 희생물을 탐욕스러운 눈길로 바라보고 있는 하늘의 약탈자 독수리와 흡사했다.

이윽고 긴 항해를 끝마친 테레우스는 제 나라 해변에다, 긴 여행에 지친 배를 대었다. 테레우스왕은 필로멜라를 끌고 가, 태고의 숲 속에 숨겨져 있는, 담이 높은 오막살이에 가두어버렸다. 필로멜라는, 무섭지 않은 것이 없는 판이라 당연한 일이겠지만, 창백한 낯빛을 하고 바들바들 떨면서 언니가 어디에 있는지 가르쳐달라고 눈물로 호소했다. 그러나 테레우스는 프로크네가 있는 곳을 가르쳐주는 대신 자신의 검은 마음을 고백하고는, 아무도 돕는 이 없는 이 불쌍한 처녀를 힘으로 차지했다. 필로멜라는 아버지를 부르면서, 언니를 부르면서, 하늘에 계신 신들의 이름을 부르면서 도와줄 것을 빌었으나 하릴없었다. 필로멜라는 내내 두려움을 이기지 못하고 바들바들 떨었다. 잿빛 이리의 이빨에 뜯기고 쫓기면서도 숨을 곳을 찾지 못해 떨고 있는 어린 양, 아니면 제 피에 젖은 제 몸을 억센 독수리의 억센 발톱에 붙잡힌 채 떨고 있는 비둘기같이…… 제정신이 돌아오자 필로멜라는 초상난 집에서 애곡하는 여자처럼 헝클어진 제 머리카락을 쥐어뜯고, 제 팔을 할퀴고, 제 가슴을 치며 몸부림쳤다. 그러다 두 팔을 벌리고 외쳤다.

"이 정떨어지는 야만인, 이 무정한 약탈자야! 나를 보내면서 눈물로 당부하던 내 아버지를 보고도 마음에 남은 것이 없더냐? 내 언니의 근심 걱정, 나의 때 묻지 않은 젊음, 네가 했던 혼인에 생각이 미치지 않더냐? 너는 인간의 도리를 짓밟았다. 이로써 나는 내 언니의 원수가 되었고, 너는 우리 자매의 지아비가 되었으며 내 언니 프로크네는 내 원수가 되었다. 이 배신자야, 이런 죄를 지으려 했으면 왜 나를 죽여놓고 짓지 못했느냐. 그랬더라면 좋았을 것을……. 그랬더라면 나를 더러운 공모자로 만들지 않았어도 좋았을 것을……. 그랬더라면 내 혼백만은 순결을 잃지 않아도 좋았을 것을……. 그러나 하늘에 계신 신들께서 이 광경을 보셨다면, 신들에게 놀라운 권능이 있다는 말이 거짓이 아니라면, 나는 이 지경이 되었다만 신들은 예전과 다름없이 온전하다면 너는 언젠가 이 죗값을 물어야 할 게다. 나 역시 부끄러움을 무릅쓰고 사람들에게 네가 한 일을 낱낱이 고할 테다. 그럴 때가 오면 네 백성들 앞에서 자초지종을 남김없이 고하리라. 내가 이 숲에 갇혀 있어야 할 팔자라면 나는 이 숲을 소리로 가득 차게 하여, 내가 턱없이 당하는 것을 목격했을 터인 저 바위까지 내 말에 귀를 기울이게 하리라. 하늘이 이 소리를 들을 것이다. 하늘에 신들이 계신다면 신들이 이 소리를 들을 것이다!"

이 말이 이 폭군의 분노에 불을 질렀다. 그런 그에게 두려운 것이 있을 리 만무했다. 분노와 만용의 노예가 된 테레우스는, 한 손으로는 허리에 차고 있던 칼집에서 칼을 뽑아 들고 다른 한 손으로는 필로멜라의 머리채와 두 손을 뒤로 모아 쥐고 있는 힘을 다해 아래로 내리눌렀다. 칼을 본 필로멜라는, 죽을 수 있겠다는 희망이 생겼던지 그에게 목을 들이대고는 그를 조롱하고 아버지를 불렀다. 그러자 테레우스는 손가락으로 필로멜라의 혀를 잡고 칼로 사정없이 잘라버렸다. 남은 혀뿌리는 여전히 필로멜라의 입안에서 부르르 떨었고, 잘린 혀는 검은 대지 위를 뛰어다니면서 못다 한 말을 마저 했다. 그러나 오래지 않아 이 잘린 혀는 갓 잘린 뱀 꼬리처럼 오그라들면서 주인의 발아래서 죽어갔다. 믿어지지 않는다. 이 잔인한 테레우스가, 이렇게 못 할 짓을 해놓고도 만신창이가 된 이 필로멜라를 끌어안고 몇 번이나 그 죄 많은 정욕을 채웠다는 소문은.

 이런 짓을 해놓고 테레우스는 염치 좋게도 아내 프로크네에게로 되돌아갔다. 왕을 본 왕비 프로크네는 동생은 어떻게 하고 혼자 왔느냐고 물었다. 테레우스는 이야기를 꾸며 아내에게 그럴듯하게 둘러대었다. 즉 슬픔에 잠긴 목소리, 비탄에 잠긴 얼굴로 필로멜라가 죽었다고 말한 것이다. 꾸민 목소리, 만든 얼굴을 꿰뚫어 보지 못하고 듣던 사람들은 모두 눈물을 흘렸다.

 프로크네는 금실로 가장자리를 한 옷을 어깨에서부터 단숨에 찢어버리고는 검은 옷으로 갈아입은 다음, 주검 없는 무덤을 만들게 하고는 있지도 않은 필로멜라의 혼백에 제물을 바쳤다. 프로크네는 이렇게 하고 동생의 기구한 팔자를 애곡했다. 그러나 프로크네가 정말 애곡했어야 하는 것은 그것이 아니었다.

태양신이 태양 수레를 하늘의 12궁 사이로 두루 몰고 지나가자 1년이 갔다. 독자들은 필로멜라가 어찌 되었는지 궁금할 것이다. 필로멜라는 엄중한 감시를 받고 있었는 데다 단단한 돌로 쌓아 올린 담은 여자가 깨뜨리기에는 너무 튼튼했다. 게다가 필로멜라는 혀를 잘려 벙어리가 되었는지라 자기가 당한 일을 누구에게 발설할 수도 없었다. 그러나 슬픔과 고통은 사람을 강하게 하고 역경과 곤경은 사람을 창조적이게 하는 법이다. 필로멜라는 베틀 같지도 않은 베틀에다 실을 걸고는 흰 바탕으로 베를 짜면서 거기에다, 자기가 그런 고통을 받게 된 사연을 붉은 글씨로 짜 넣었다. 이 일이 끝나자 필로멜라는 이것을 몸종에게 주면서 손짓 발짓으로, 그 나라 왕비에게 전하게 했다. 몸종은 내용이 무엇인지도 모르면서 필로멜라가 부탁하는 대로 이것을 프로크네에게 전했다.

폭군의 아내는 그 천을 펴보고 나서야 사연을 알았다. 그것은, 다른 사람이 아니라 바로 자기 자신의 불행을 알리는 사연이었다. 프로크네는 쓰다 달다 말 한마디 하지 않았다. 믿어지지 않겠지만 프로크네는 정말 아무 말도 하지 않았다. 그것은 한마디 말로 그 반응을 나타내기에는 지나치게 슬픈 사연이었기 때문이었다. 말을 하고 싶어도 응분의 말을 찾을 수 없을 만큼 슬픈 사연이었다. 프로크네에게는 눈물을 흘리고 있을 시간도 없었다. 프로크네는 복수할 계획을 세우는 데 온 정신을 쏟았다. 이 복수 계획은 선악의 잣대를 깡그리 벗어난, 참으로 상궤를 멀리 벗어난 것이었다.

오르페우스의 시신을 발견하는 요정들

트라키아의 바코스 여신도들 손에 찢겨 죽은 오르페우스의 머리를 발견하는 물의 요정들. 존 윌리엄 워터하우스의 그림.

    트라키아의 젊은 여자들이 디오뉘소스를 기려 3년마다 한 번씩 축제를 연다. 이 축제가 바로 '디오뉘소스 축제' 혹은 '바카날리아'라고 부르는 '바코스 축제'다. '바코스'는 디오뉘소스의 별명이다. 바카날리아는 곧 한판 광란과 무질서의 축제다. 밤에 베풀어지는 이 축제에서 '바코이', 즉 '바코스 신도'들은 머리카락을 풀어 헤치고 날고기 안주로 술을 마시며 난잡한 춤을 추는데, 이들은 이를 저지하는 자가 있으면 무자비하게 찢어 죽이기까지 한다. 트라키아 출신의 명가

수 오르페우스를 찢어 죽인 것도 바로 트라키아의 바코스 신도들이었다. 트라키아는 어둠의 땅이다. 디오뉘소스의 고향이 트라키아인 것은, '술 취하기가 작은 죽음을 미리 죽기'인 만큼 우연이 아니다. 오르페우스의 고향이 트라키아인 것은, 그가 저승으로 내려갈 운명을 타고난 만큼 우연이 아닌 것이다.

이들이 베푸는 의식은 밤에 시작되는데 이 의식이 시작되면 로도페산은 신도들이 지르는 고함과 바라 소리로 찌렁찌렁 울린다.

밤이 되자 왕비 프로크네도 이 신을 경배하는 데 필요한 제사 용구를 모두 갖추고 집을 나섰다. 머리에 쓰는 포도덩굴 관, 왼쪽 어깨에 드리우는 사슴 털가죽, 오른쪽 어깨에 둘러메는 짧은 창, 이러한 것들이 바코스 신을 경배하는 제사에 필요한 제구이자 무기였다. 프로크네는 몸종들을 거느리고 숲속으로 들어갔다. 가슴은 갖가지 생각으로 착잡했다. 프로크네는 바코스 신의 광란에 쫓기는 신도로 가장하고 있었으나 사실 프로크네를 쫓는 것은 슬픔 뒤에 오는 분노였다. 이윽고 프로크네는 동생이 갇혀 사는 오두막에 이르렀다. 오두막 문은 바코스 신도 특유의 외마디 소리와 광란의 몸짓과 함께 부서져 나갔다. 프로크네는 동생을 부둥켜안고 눈물을 흘리다가 바코스 신도의 의상을 동생에게 입히고는 머리에 담쟁이덩굴 관을 씌워 얼굴을 가리고 왕궁으로 데려왔다.

필로멜라는 자신이 그 저주받을 자의 집으로 들어왔다는 사실을 안 순간부터 낯빛을 잃고 부들부들 떨었다. 프로크네는 동생의 머리에서 바코스 신도의 관을, 몸에서는 바코스 신도 의상을 벗겼다. 프

디오뉘소스 축제에서 열광하는 여신도들
이 여신도들은 '마이나데스'라고 불린다. '광포한 여성들'이라는 뜻이다. 기원전 5세기에 만들어진 그리스 돋을새김의 로마 시대 복제품.

로크네는 동생을 껴안았으나 필로멜라는 얼굴을 들고 언니의 얼굴을 마주 바라보지 못했다. 자기 때문에 언니가 불행해질 것이라고 생각했기 때문이었다. 그래서 필로멜라는 바닥만 내려다보고 있었다. 그러나 필로멜라는 이로써, 말로써 전하는 것 이상으로 명백하게 자신의 뜻을 언니에게 전하고 있었다. 필로멜라는, 하늘에 계신 신들에 맹세코, 테레우스의 폭력에 저항할 힘이 없어 순결을 잃게 되었노라고 말하고 있는 것이었다. 걷잡을 수 없는 분노의 소용돌이에 휘말린 프로크네는 흐느끼는 필로멜라에게 이런 말을 했다.

"지금은 눈물을 흘리고 있을 때가 아니라 칼을 갈아야 할 때다. 아니, 칼보다 나은 무기가 있다면 그것을 벼려야 할 때다. 필로멜라, 내게는 마음의 준비가 되어 있다. 왕궁을 불바다로 만들고 테레우스를 그 불길 속에 던져 넣으면 네 분이 가라앉겠느냐, 이자의 혀를 자르고 눈알을 뽑고, 너에게 죄를 범한 사지를 잘라 육신으로부터 죄 많은 영혼을 풀어내면 네 분이 풀리겠느냐. 시시한 복수는 안 된다. 받은 것 이상으로 돌려주어야 한다. 그러나 나는 아직 그 방도를 모르겠구나."

프로크네가 이런 말을 하고 있는데 아들 이튀스가 제 어머니 방으로 들어왔다. 아이의 모습을 보는 순간 프로크네의 머릿속에는 한 가지 방도가 떠올랐다. 매정한 눈으로 아들을 바라보면서 프로크네가 내뱉었다.

"어쩌면 제 아비와 이렇듯이 똑같이 생겼느냐?"

더 이상 말을 하지 않았다. 프로크네는 속으로 분을 감춘 채 복수할 준비를 시작했다. 그러나 역시 어머니의 마음은 어쩔 수 없는 것. 아들이 가까이 다가와 그 가녀린 팔로 어머니의 목을 안고 뺨에다 입을 맞출 때는 프로크네의 마음도 흔들렸다. 프로크네는 마음의 고삐가 풀려가고 있는 데 당혹했다. 그러지 말아야 한다고 다짐을 하는데도 프로크네의 눈에서는 눈물이 흐르고 있었다. 그러나 아들의 사랑스러운 모습이 복수의 결심을 어지럽히고 있음을 깨달은 순간 프로크네는 시선을 이 아들에게서 동생 쪽으로 옮겼다. 시선을 이리저리 옮기면서 프로크네는 마음속으로 자기 자신을 꾸짖었다.

"어째서 하나는 나에게 사랑의 말로 응석을 부리는데, 하나는 혀가 없어서 말을 하지 못하게 되었는가? 이튀스는 나를 어미라고 부르는데 어째서 필로멜라는 나를 언니라고 부르지 못하는가. 아, 이 어리석은 판디온의 딸 프로크네야. 네가 누구와 혼인하였느냐? 너에게는 판디온의 딸이라고 할 자격도 없다. 테레우스 같은 자에게 사랑을 느꼈다는 것 자체가 용서받을 수 없는 죄악이다."

프로크네도 더는 망설이지 않았다. 프로크네는, 힌두스(인도) 땅 강게스(갠지스) 강둑에 사는 호랑이가 새끼 사슴을 깊은 숲속으로 끌고 가듯이 아들 이튀스를 왕궁의 한적한 밀실로 데리고 갔다. 아이는 자기에게 무슨 일이 닥치고 있음을 예감했는지 두 손을 내밀고 두 번이나,

"엄마, 엄마"

하고 부르면서 프로크네의 목을 껴안으려고 했다. 그러나 프로크네는 칼을 꺼내어 아들의 옆구리를 찌르고도 고개조차 돌리지 않았다. 그것만으로도 치명상이었으나 프로크네는 거기에서 손길을 멈추지 않고 다시 칼로 아들의 목을 도려버렸다. 이 이튀스의 몸이 산 사람의 몸과 다름없이 온기를 간직하고 있는데도 자매는 이 아이의 피로 물든 사지를 몸에서 발라내었다. 방바닥은 이 아이의 피바다가 되었다. 자매는 이 사지의 살을 요리하되 일부는 청동 솥에 넣어 삶고 일부는 구웠다.

프로크네는 준비가 끝나자 아무것도 모르는 테레우스를 특별한 음식을 대접하겠다면서 불렀다. 부르면서, 친정 나라의 풍습인 신성한 의식이라는 토를 달고 반드시 혼자 와야 한다는 단서를 붙였다. 프로크네는 이로써 경호병이나 시종을 따돌렸다.

테레우스는, 신성한 의식이라는 말에 조상 전래의 예복으로 치장하고 왕비의 초대에 응하여 앞에 놓인 고기를 맛있게 먹었다. 물론 제 살인 줄도 모르고 맛나게 먹었다. 무슨 고기인지도 모르고 한참을 먹던 그가 말했다.

"이튀스를 이리 불러오오."

프로크네는 더 이상 감격의 순간을 유예하고 있을 수가 없었다. 프로크네는 자기의 입으로 이 복수가 성취되는 순간을 선언하고 싶은 마음에서 지아비에게 이렇게 말했다.

아들 이튀스의 잘린 머리를 보고 경악하는 테레우스
프로크네는 자신의 아들을 죽이고 그 사지를 요리해 아이의 아버지에게 먹임으로써 끔찍한 복수를 실행한다. 페테르 파울 루벤스의 그림.

"그대가 찾는 아이는 여기에 있소. 바로 그대 뱃속에 있소."

테레우스는 주위를 둘러보면서 이튀스가 어디에 있느냐고 묻고는 다시 이튀스의 이름을 불러보았다. 이튀스 대신, 조금 전에 죽은 이 아이의 피로 피투성이가 된 필로멜라가 피 묻은 머리카락을 산발한 채 이튀스의 머리를 들고 나타났다. 필로멜라가 테레우스에게 내미는 이튀스의 머리에서는 피가 뚝뚝 들었다. 필로멜라는 자기가 말을 할 수 없다는 것을 얼마나 다행스럽게 여겼을까? 말을 할 수 있었다고 하더라도 이 순간에 어울리는 말을 적절하게는 할 수 없었을 것이므로…….

격노한 테레우스는 식탁을 걷어차고, 스튁스 나라(저승)에 사는, 뱀 머리카락의 에리뉘에스 자매 여신들의 이름을 차례로 불렀다.

테레우스가 만일 복수의 여신들을 부를 수 있었더라면, 저 자신의 가슴을 찢고, 제 손으로 발라먹은 인간의 살, 제 자식의 살도 토해낼 수도 있었으리라. 그러나 그게 어디 될 법이나 한 일인가? 테레우스는 이제 자식의 무덤이 되어버린 제 육신을 저주하면서 울부짖었다.

테레우스여, 보라. 처제에게 음욕을 품다가 그대 사타구니로 네 자식의 무덤, 네 자신의 무덤을 파지 않았는가?

8장
나르키쏘스가 사랑한 상대

GREEK
AND
ROMAN
MYTHOLOGY

나르키쏘스의 사랑

그리스 신화에는 '강의 신'이 자주 등장한다(우리나라 신화에서 강의 신은 '하백'으로 불린다). 강의 신 이름은 곧 강의 이름이다. 따라서 '강의 신 케피소스'는 곧 케피소스강이다. 강의 신들은 주로 강의 요정들을 아내로 맞는다. 이들 사이에서 태어나는 자식들의 운명은 곧 강을 중심으로 하는 환경의 운명을 상징한다.

강의 신 케피소스와 강의 요정 리리오페 사이에서 아들이 태어났다. 리리오페는 케피소스강의 흐름에 휩쓸려 순결을 잃었는데, 그로부터 달이 차자 사내아이를 낳은 것이다. 리리오페는, 강보에 싸여 있는 갓난아기인데도 보는 사람의 얼을 빼놓을 만큼 잘생긴 이 아기, 그래서 망연자실 시간 가는 줄 모르고 바라보게 하는 이 아기를 '나르키쏘스'라고 불렀다. '나르키쏘스'는 '망연자실'이라는 뜻에 가깝다. 리리오페는 점 잘 치기로 온 이오니아 땅에 소문난 점쟁이, 사람들이 물으면 앞일을 틀림없이 일러주는 테이레시아스를 모셔오게 했다. 리리오페는 테이레시아스에게, 아기가 장차 어른이 되면 천수를 누리게 되겠느냐고 물어보았다. 그러자 테이레시아스는 이렇게 대답했다.

"어렵지 않을 것입니다. 이 아기가 저 자신을 알지 못한다면 말입니다."

그렇다면 무엇이라는 말인가? 저 자신을 알게 되면 천수를 누리지 못하게 된다는 말이 아닌가? 많은 요정과 많은 사람은 이 점괘를 그저 노인이 하는 헛소리로 들었다. 하지만 테이레시아스는 헛소리나 하는 예언자가 아니었다.

나르키쏘스는 열여섯이 되자 소년 몫의 구실과 사내 몫의 구실을 함께 했다. 사내 몫의 구실을 하게 되었다는 것은, 수많은 선남선녀가 나르키쏘스를 보기만 하면 사랑을 느꼈다는 것이다. 하지만 나르키쏘스는 자존심이 어찌나 강한지 상대가 처녀가 되었든 청년이 되었든 제 몸의 털오라기 하나 다치지 못하게 했다.

어느 날, 나르키쏘스가 꺼병한 사슴 한 마리를 사냥 그물 안으로 몰아넣고 있을 때의 일이다. 한 요정이 나르키쏘스의 잘생긴 모습을 보고는 첫눈에 반하고 말았다. 이 요정은 상대가 말을 하고 있을 동안에는 잠시도 제 입을 가만히 둘 수 없는 수다쟁이였다. 하지만 저 혼자서는 말을 할 수 없었다. 요정의 이름은 '에코', 남의 말을 되받아서만 말을 할 수 있는 '에코(메아리)'였다.

에코가 이렇듯이 남의 말을 되받아서만 말을 하게 된 데는 사연이 있다.

20세기의 나르키쏘스
1903년에 그려진 존 윌리엄 워터하우스의 〈에코와 나르키쏘스〉. 영국 리버풀의 워커 미술관.

 헤라 여신은 지아비 제우스 신의 바람기 때문에 무던히도 속을 썩여야 했던 여신이다. 어느 날 헤라 여신은, 제우스가 산자락에서 숲의 요정과 뒹굴고 있다가 숲속으로 사라지는 것을 보고는 부리나케 산자락으로 내려와 에코에게 제우스 신의 행방을 물었다. 묻는 말에 대답이나 했으면 좋았을 것을, 에코는 되는 소리, 안 되는 소리로 수다를 늘어놓았고 이 틈에 제우스는 숲의 요정과의 볼일을 마치고는 감쪽같이 사라져버렸다. 결국 제우스 신이 뜻을 이룰 수 있도록 에코가 헤라 여신을 잡아둔 셈이었다. 에코의 수다에 정신을 놓고 있다가 한참 뒤에야 에코의 혓바닥에 휘둘렸다는 것을 안 헤라 여신이

에코를 저주했다.

"나를 속인 그 혓바닥, 내 그냥 둘 줄 아느냐? 이제부터 너는 말을 하되, 한 마디씩밖에는 할 수 없다. 그것도 남의 말을 되받아서만……. 이 헤라의 뜻이다."

헤라 여신의 이 말은 홧김에 그저 해본 소리가 아니었다. 헤라 여신의 저주가 내린 순간부터 에코는 누가 한 말의 마지막 한 마디를, 그나마 되받아서만 입 밖으로 낼 수 있었다.

하여튼 에코는, 동아리들로부터 떨어져 홀로 인적 없는 숲속에서 사슴을 몰아넣고 있는 나르키쏘스의 모습에 그만 마음을 송두리째 빼앗기고 말았다. 그래서 가만히 나르키쏘스의 뒤를 밟았다. 나르키쏘스에게 가까이 다가가면 다가갈수록 에코의 가슴은 그만큼 더 뜨거워졌다. 에코의 가슴은, 느닷없이 생긴 정체 모를 사랑의 열기에 금방이라도 타버릴 것 같았다. 불길에 가까이 대기만 해도 불길과 함께 녹아내리는, 횃대 끝에 재어놓은 유황 덩어리처럼 타버릴 것만 같았다.

에코는 나르키쏘스에게 말을 걸고, 그에게 접근하여 사랑을 고백하고 싶었다. 그러나 에코는 그럴 수가 없었다. 에코가 먼저 말을 걸 수는 없는 일이었다. 에코로서는, 나르키쏘스가 입을 열기를 기다렸다가 마지막 한 마디를 되울릴 준비나 하고 기다리는 수밖에 없었다.

이윽고 에코에게 기회가 왔다. 나르키쏘스가 눈에 보이지 않는 사냥 동아리를 향해 이렇게 외친 것이다.

"누가 없나, 가까이?"

"가까이……."

에코가 마지막 한 마디를 되받았다.

나르키쏘스는 난데없이 들려온 여성의 목소리에 놀랐던지 걸음을 멈추고 사방을 둘러보고는 조금 전보다 더 큰 소리로 외쳤다.

"누가 있거든 이쪽으로 좀 와!"

"와……."

에코가 마지막 한 마디를 되울렸다.

"왜 안 오는 거야?"

"거야……."

이상하게 생각한 나르키쏘스가 다시 고함을 질렀다.

"이리 와, 오라니까!"

"오라니까……."

가엾은 에코. 에코는 아무리 하고 싶어도 이 한 마디밖에는 더 할 수가 없었다. 더 이상은 도저히 견딜 수 없었던 에코는 숲속에서 뛰어나와 나르키쏘스의 목을 껴안았다. 그러나 나르키쏘스는 늘 그래 왔듯이 이 요정에게서 도망치며 소리를 질렀다.

"이 손 치워! 차라리 죽지, 너 같은 것의 품에 안겨?"

"안겨……."

에코는 자기도 모르는 사이에 이렇게 말하고는, 나르키쏘스로부터 당한 이 모욕을 참지 못하고 숲속으로 들어가 나뭇잎으로 얼굴을 가렸다. 이때부터 에코는 날빛이 비칠 동안은 동굴에서 밖으로 나오지 않았다. 에코의 가슴에 내린, 나르키쏘스에 대한 사랑의 뿌리는

에코의 비애
나르키쏘스 옆에서 사라져가는 에코(그림의 중앙). 니콜라 푸생의 그림. 파리 루브르 박물관.

깊었다. 실연의 고통으로 몸부림칠 때마다 이 사랑의 뿌리는 나날이 깊어져 갔다. 격정이 잠을 이루지 못하게 하는 바람에 에코는 하루가 다르게 여위어갔다. 나날이 수척해지면서 온몸에 주름살이 생겨난 것이다. 이렇게 여위어가다가 에코의 아름답던 몸은 그만 한 줌의 재로 변하여 바람에 날려가고 말았다. 남은 것은 뼈뿐이었으나 곧 이 뼈도 가루가 되어 날아가버리자 마지막으로는 소리만 남았다. 에코의 뼈는 날아간 것이 아니고 돌이 되었다는 전설도 있다.

　이때부터 에코의 모습은 숲속에 나타나지 않는다. 그러나 에코의 모습을 보았다는 사람은 하나도 없으나 목소리를 들었다는 사람은 얼마든지 있다. 에코의 목소리만은 살아 있으니 당연하다.

　나르키쏘스는 이로써 에코의 사랑을 농락한 셈이었다. 물의 요정,

숲의 요정, 그리고 수많은 선남선녀를 그렇게 했듯이 나르키쏘스는 이 에코까지 박대한 것이었다.

 나르키쏘스로부터 박대받은 이들 중 하나가 하늘을 향해 두 손을 벌리고 이렇게 기도했다.

 "저희가 그를 사랑했듯이, 그 역시 누군가를 사랑하게 하소서. 하시되 이 사랑을 이룰 수 없게 하소서. 이로써 사랑의 아픔을 알게 하소서."

 람노스의 여신 네메시스가 이 기도를 듣고 이루어지게 해주려고 마음먹었다.

람노스의 여사제
람노스에서 출토된 네메시스 신전의 여사제. 람노스 박물관.

람노스에 있는 네메시스 여신의 신전 유적
이치의 여신 테미스의 신전도 이 근처에 있었지만 지금은 흔적도 없다.

 에리뉘에스를 우리는 '복수의 여신'이라고 부른다. 네메시스 역시 '복수의 여신'이라고 불린다. 하지만 에리뉘에스의 복수는 주로 친족 간에 흘리는 피와 관련된 복수다. 인륜을 범한 패륜아 앞에 나타나는 여신이 바로 이 여신이다. 하지만 네메시스는 '복수의 여신'이라기보다는 '의분의 여신'에 가깝다. 네메시스를 가장 골나게 하는 것은 정당한 사유 없이 이성 간의 사랑을 거절하는 경우다. 네메시스가 '람노스의 여신'이라고 불리는 까닭은 아테나이에서 북쪽으로 57킬로미터 떨어진 고대의 항구도시인 람노스에 이 여신의 신전이 있기 때문이다.

나르키쏘스는 이제 큰일 났다.

숲속에는 맑은 물이 고인 샘이 하나 있었다. 양치기가 다녀간 적도 없고, 그 산에서 풀을 뜯던 어떤 염소나 소도 다녀간 적이 없는 샘이었다. 새들도 산짐승도, 심지어는 떨어지는 나뭇잎조차도 이 샘에만은 파문을 일으킨 적이 없었다. 위로 무성한 숲이 뜨거운 태양으로부터 이 샘을 가리고 있어서 샘물은 늘 시원했다.

한낮에 사냥하다 지친 나르키쏘스가 이 샘으로 내려왔다. 샘 주위의 풍경과 샘 자체가 나르키쏘스의 마음에 그렇게 좋을 수가 없었다. 마른 목을 축이려고 샘물을 마시던 나르키쏘스는 또 하나의 참으로 이상한 갈증을 느꼈다. 물에 비친 아름다운 영상이 기이한 그리움을 지어낸 것이었다. 그는 물에 비친 그림자를 실체로 그릇 알고 그 그림자에 반해버린 것이었다. 물에 비친 제 모습에 넋을 잃은 그는 꼼짝도 하지 않고 샘가에 앉아 있었다. 영상에 꽂힌 그의 시선은 파로스섬 대리석으로 빚은 석상의 시선 같았다. 샘가에서 허리를 구부린 채 그는 두 개의 쌍둥이별 같은 제 눈, 디오뉘소스나 아폴론의 머리채에 비길 만한 제 머리채, 보드라운 뺨, 상아같이 흰 목, 백설 같은 피부에 장밋빛 홍조가 어린 아름다운 얼굴을 정신없이 바라보았다. 그는 자기 자신을 아름다운 소년이게 하는 이 모든 것에 경탄했다. 그는 자기도 모르는 사이에 자신을 갈망하고 있는 것이었다. 그가 사랑하는 대상은 물론 자기 자신이었다. 그는 좇는 동시에 좇기고 있었다. 그는 격정으로 타오르는 동시에 태우고 있었다. 이 무정한 샘물에 입술을 대었으나 하릴없었다. 영상의 목을 감촉하려고 물에다 손을 넣었으나 이 역시 부질없는 짓이었다. 자기 자신의 목에다 손을 대면 될 일이나 그는 이것을 알지 못했다. 그저 영상이 지펴낸 불꽃, 그의 눈을 속이는 환상, 그 환상이 지어낸 기이한 흥분

폼페이 벽화 속 나르키쏘스
제 모습에 반한 나르키쏘스의 이미지는 뒷날 끊임없이 확대 재생산된다.

에 좇겼다.

 어리석어라! 달아나는 영상을 좇아서 무엇하랴! 그대가 구하는 것은 존재하지 않는다. 돌아서 보라. 그러면 그대가 사랑하던 영상 또한 사라진다. 그대가 보고 있는 것은 그대의 모습이 비쳐낸 그림자에 지나지 않는다. 거기에는 아무것도 없다. 그대가 거기에 있으면 그림자도 거기에 있을 것이요, 그대가 떠나면, 그대가 떠날 수 있어서 그 자리를 떠나면 그림자도 떠나는 법인 것을…….

 배고픔도 졸음도 나르키쏘스를 거기에서 떼어놓지 못했다. 그는 그저 샘가 풀밭에 배를 깔고 엎드려 실상이 아닌 그 그림자의, 보아도 보아도 질리지 않는 눈만 내려다보고 있었다. 이윽고 몸을 일으킨 그가 손을 내밀어 주위의 숲을 가리키며 외쳤다.

 "숲이여! 사랑을 나보다 더 아프게 사랑하는 자를 본 적이 있는가? 그대들은 보아서 알 것이다. 수많은 연인이 밀회하기 가장 좋은 곳으로 여기고 이 숲을 드나들었다. 숲이여, 그대는 이것을 보았으니 알 것이다. 아득하게 긴 세월을 산 숲이여, 그 긴 세월을 살아오면서 나만큼 괴로워하는 자를 본 적이 있는가? 나는 사랑한다. 내가 사랑하는 자는 여기에 있다. 그러나 내가 사랑하고 내가 보는 내 사랑에, 나는 아무리 손을 내밀어도 마침내 닿지 못하는구나. 이를 어쩌면 좋은가? 내 사랑이 나를 피하는구나. 우리를 갈라놓는 것은 저 넓디넓은 바다도 아니요, 먼 길도 산도 아니요, 성문의 빗장이 걸린 성벽도 아니다. 견딜 수가 없구나. 많지도 않은 물이 우리를 갈라놓고 있으니, 참으로 견딜 수가 없구나. 내 사랑이 내 포옹을 바라고 있는

나르키쏘스의 사랑
수면에 비친 제 모습에 취한 나르키쏘스. 16세기 이탈리아 화가 카라바조의 그림.

데 어찌 이를 내가 모르겠는가? 내가 허리를 구부리고 그 맑은 수면에 입술을 갖다 대려고 하면 내 사랑도 얼굴을 가까이 대면서 내 입술을 마중하는데 어찌 내가 모르랴! 그대는 우리의 입맞춤이 이루어지지 않을 리가 없다고 할 것이다. 우리 사랑을 갈라놓는 장애물을 참으로 하찮다고 할 것이다.

아, 사랑이여, 그대가 누구든 좋으니 내게로 오라. 비할 데 없이 아름다운 자여, 왜 나를 피하는가? 내가 그대에게 다가가려 할 때마다 그대는 어디로 가는가? 내 모습이 추해서, 내 나이가 많아서 피한 것은 아닐 것이다. 수많은 요정이 나를 사랑했는데, 그럴 리는 없을

자기 도취란 이런 것
프란츠 폰 슈투크의 〈나르키쏘스〉.

것이다.

 그대의 다정한 얼굴을 보고 있으면 내 가슴 안에서 희망이 샘솟는다. 내가 손을 내밀면 그대도 손을 내밀고, 내가 웃으면 그대도 웃는다. 내가 고개를 끄덕이면 그대도 고갯짓으로 화답한다. 그대의 입술이 움직이는 것으로 보아 그대는 분명히 내 말에 응답하는데도, 그 응답은 내 귀에 닿지 못한다.

 아, 그랬었구나. 내가 지금껏 보아오던 모습은 바로 나 자신이었구나. 이제야 알았구나, 내 그림자여서 나와 똑같이 움직였던 것이구나. 이 일을 어쩔꼬, 나는 나 자신을 사랑하고 있었구나. 나 자신에 대한 사랑의 불길에 타고 있었구나. 나를 태우던 불길, 내가 견디어야 했던 그 불…… 그 불을 지른 자는 바로 나였구나. 아, 이 일을 어쩔꼬. 사랑을 구하여야 하나? 사랑받기를 기다려야 하나. 사랑을 구하여 내가 얻는 것이 무엇이냐? 구하는 것이 내게 있는데…… 내게 넉넉한 것이 나를 가난하게 하는구나. 나를 내 몸에서 떨어지게 할 수 있다면 얼마나 좋으랴. 사랑하는 자가 하는 기도로는 참으로 기이한 기도다만, 신들이시여, 내가 사랑하는 것을 내게서 떨어져 나가게 하소서. 아, 슬픔이 내 힘을 말리는구나. 내게 이제 생명의 기운은 얼마 남지 않았구나. 나는 내 젊음의 꽃봉오리 안에서 죽어가고 있구나. 죽음과는 싸우지 말자. 죽음이 마침내 내 고통을 앗아 갈 것이니……. 그러나 나는 죽어도 좋으니, 내가 사랑하던 것만은 오래오래 살 수 있게 되었으면 얼마나 좋으랴. 하지만 우리 둘은 하나가 죽으면 나머지 하나도 따라 죽어야 할 운명……."

나르키쏘스와 에코, 그리고 숲의 요정들
클로드 로랭의 〈나르키쏘스와 에코가 있는 풍경〉. 숲의 요정들의 시선이, 절망에 빠진 에코가 아니라 제 모습에 취한 나르키쏘스를 향한 것이 인상 깊다.

 이렇게 한탄하면서 그는 샘물에 비치는 그 얼굴을 다시 한 번 눈여겨 바라보았다. 눈물이 샘물에 떨어지자 물 위에 파문이 일면서 그 영상이 사라지기 시작했다. 사라져가는 영상을 바라보며 그가 외쳤다.
 "어디로 도망쳐, 이 무정한 것아! 너를 사랑하는 나를 버리지 마! 네 몸에 손을 대는 게 싫다면 손대지 않으마. 그러니 이렇게 바라볼 수 있게만 해줘. 바라보면서 내 슬픈 사랑을 이별하게 해줘."
 슬픔을 이기지 못한 그는 웃옷을 찢고 대리석같이 하얀 가슴을 쳤다. 그의 주먹에 맞은 부분은 장밋빛으로 물들었다. 그의 가슴은 흡사 햇빛을 받아 반은 빨갛게, 반은 하얗게 빛나는 사과, 아니면 군데군데 보라색 반점이 내비치는, 아직은 덜 익은 포도송이 같았다. 수면에 이 가슴이 비치자(수면은 다시 고요해져 있었다) 나르키쏘스는 다시 사무치는 그리움을 이기지 못하고 괴로워했다. 따뜻한 햇살에 녹는 금빛 밀랍처럼, 아침 햇살에 풀잎을 떠나는 서리처럼 그의 육신도 사랑의 고통 속에서 사위어가다 가슴속의 불길에 천천히 타들어가기 시작했다. 붉은 반점이 내비치던 그 희디흰 살갗도 그 빛을 잃어갔고, 젊음의 혈기도 그에게서 빠져나갔다. 제 눈으로 그렇게 정신없이 바라보던 저 자신의 아름다움도 그의 몸을 떠났다. 에코가 사랑하던 것은 하나도 남김없이 그를 떠나갔다.

　요정 에코는 샘가를 내려다보고 있었다. 나르키쏘스로부터 받은 박대를 생각하면 고소하게 여겨야 할 판인데도 에코는 슬퍼했다. 나르키쏘스가 한숨을 쉬면서 "아!" 하고 부르짖자 에코도 하늘을 우러러 보며 "아……" 하고 부르짖었다. 나르키쏘스가 제 어깨를 치면서 울부짖자 에코 역시 똑같은 소리로 울부짖었다. 나르키쏘스는 샘물을 내려다보면서 마지막으로 "무정한 이여!" 이렇게 중얼거리자 에코도 "무정한 이여……" 하고 중얼거렸고, 나르키쏘스가 "안녕" 하고 마지막 인사를 보냈을 때는 에코도 "안녕……" 이 소리를 되울렸다.

　나르키쏘스는 푸른 풀을 베고 누웠다. 곧 죽음이 찾아와 아름답던 그의 눈을 감기었다. 저승으로 간 뒤에도 그는 계속해서 스튁스강에 비치는 제 모습을 바라보았다. 케피소스강 요정들은 나르키쏘스의 죽

나르키쏘스의 죽음
비탄에 잠긴 에코 앞에서 나르키쏘스는 '푸른 풀을 베고' 숨을 거두었다. 니콜라 푸생의 작품.

음을 애도하느라 머리를 모두 깎아 그의 주검에 바쳤다. 숲의 요정들도 울었다. 에코는 이들의 울음소리를 숲 하나 가득하게 되울렸다.

관이 준비되고, 장작더미가 마련되고, 불을 붙일 횃불까지 만들어졌지만, 나르키쏘스의 시신은 어디로 사라졌는지 흔적을 보이지 않았다. 요정들은 그의 시신 대신 흰 꽃잎이 노란 암술을 싸고 있는 꽃 한 송이를 찾아내었을 뿐이다. 이 꽃이 바로 '나르키쏘스', 영어로는 '나르시서스', 즉 수선화다.

'나르키쏘스 신화'가 우리에게 던지는 메시지는 명약관화하다. 잃어버린 반쪽이를 자기 자신에서 찾는, 대책 없는 '왕자병', '공주병'

에 대한 엄중한 질책이다. 의분의 여신 네메시스가 응징에 나서는 것은 너무나 당연하다.

 뒤에 읽게 될 '베르툼누스와 포모나' 신화가 이런 대책 없는 공주병에 대한 처방을 제시한다.

9장
코스모스를 위한 카오스

GREEK
AND
ROMAN
MYTHOLOGY

영웅들을 위한 변명

> 의상도착증 환자 헤라클레스가 여성용 드레스를 입고 옴팔레의 시중을 들고 있다. 헤로도토스는 이를 '스퀴티아병'이라고 기술하고 있다.
> — 함성호의 시 「쿠키」 중에서

 헤라클레스는 의상도착증 환자, 다시 말해서 남성이면서도 여성의 옷을 즐겨 입는 도착증 환자였을까? 역사가 헤로도토스의 말마따나, 시인 함성호의 말마따나 헤라클레스는 '스퀴티아병' 환자였을까? 나는 이런 질문만 쏟아놓을 뿐 대답하지는 않겠다. 나는 정황을 설명할 뿐이다. 정황 설명을 참고 삼아 이런 질문에 답해야 하는 사람들은 바로 독자들이다.
 고대 그리스인들의 사랑을 듬뿍 받던 세 영웅, 즉 헤라클레스, 테세우스, 아킬레우스에게는 여성과 관련된 재미있는 공통점이 있다. 하나만 있는 것이 아니고 그것도 둘씩이나 있다. 무엇일까? 첫째 여장한 경험, 다시 말해서 여성 차림을 해본 경험이 그 하나. 둘째 여인족

옷을 바꿔 입은 헤라클레스와 옴팔레
프랑수아 르무안의 〈헤라클레스와 옴팔레〉. 헤라클레스는 옴팔레의 비단옷을, 옴팔레는 헤라클레스의 사자 가죽을 걸치고 헤라클레스의 몽둥이를 들고 있다.

아마존과 싸운 경험이 그것이다. 여장한 경험을 중심으로 검토하자.

헤라클레스는 이피토스라는 청년을 대접해서 티륀스 성벽 위에서 크게 술잔치를 벌인 적이 있다. 그런데 바로 이 술잔치에서 헤라클레스는 귀한 손님 이피토스를 성벽 아래로 던져 죽이는 일을 저지르고 말았다. 헤라클레스의 이런 광기는 헤라 여신의 저주에서 비롯된 것이다. 그는 이런 광기에 사로잡혀 아내와 자식들을 때려 죽인 적도 있다.

헤라클레스는 술이 깨고 맑은 정신을 되찾자 이피토스의 주검을 수습하여 오이칼리아로 보내준 뒤, 제 신세를 한탄하다가 델포이로 내려가 아폴론의 여사제에게 죄 씻을 방도를 물었다. 뤼디아 땅 옴팔로스 왕국의 여왕 옴팔레 밑에서 종살이를 해야 한다는 신탁이 나왔다.

남성명사 '옴팔로스'나 여성명사 '옴팔레'는 '배꼽'이라는 뜻이다. 하지만 이 말은 배 한가운데 있는 옴팍 들어가 있는 배꼽을 가리키는 말이라기보다는 대지의 중심, '세계의 축(악시스 문디)'을 지칭하는 말이다.

지아비를 잃은 과부 옴팔레 여왕은 음란하기가 이를 데 없었다. 그런데도 뤼디아의 여자들은 이 여왕을 글자 그대로 대지의 중심이며 세계의 축으로 섬기어 마지않았다. 과부나 처녀들이 매춘부로 만판 놀아나면서 지참금을 잔뜩 마련한 다음에야 사내를 맞아들이는 뤼디아의 문란한 성 풍습 때문이었다. 이들의 눈에는, 왕국을 하나 혼수로 내세워놓고 남성을 기다리는 옴팔레가 아프로디테 같은 여신으로 보였음 직하다.

헤라클레스와 옴팔레
프랑수아 부셰의 〈헤라클레스와 옴팔레〉(위)와 아브라함 얀선스의 〈옴팔레 침실에서 판을 쫓아내는 헤라클레스〉(아래).

헤라클레스는 이 옴팔레 여왕의 궁전에서 별 해괴한 짓을 다 한 것으로 알려져 있다. 그는 디오뉘소스 향연에 나가는 옴팔레 여왕을 위해 여자 옷으로 단장하고 황금 양산을 받쳐준 적도 있고, 자신은 여왕의 옷을 입은 채, 알몸에 네메아의 사자 가죽만 두르고 몽둥이를 든 옴팔레 여왕을 등에 태우고 내전을 엉금엉금 기어다닌 일도 있었다고 한다. 여장하고 여종들과 길쌈하는 것은 틈날 때마다 하는 짓이요, 경호병이 다가오면 교성을 지르며 돌기둥 뒤로 숨는 것은 무료할 때마다 하는 짓이었다니 더 말할 것도 없다.

이 옴팔레 여왕의 궁전에서 종살이하면서 헤라클레스는, '근원'으로 되돌아가 남성과 여성, 미움과 사랑, 삶과 죽음같이 상극하는 관념과의 화해를 시도했던 것일까? 헤라클레스가 처음이자 마지막으로 '배꼽'을 잡고 웃은 것도 이때의 일이다.

영웅 테세우스가 아버지가 남긴 신표인 단검과 가죽신을 가슴에 품고, 무수한 도둑들을 쳐 죽이며 아버지 아이게우스를 찾아 아테나이로 가고 있을 때의 일이다. 명성이란 원래 그 임자의 발보다 빠른 법, 테세우스가 아테나이로 들어가려고 케피소스강에 이르렀을 때 저쪽에는 이미 퓌탈로스의 자손들이 테세우스를 기다리고 있었다.

테세우스가 기다리는 까닭을 묻자 퓌탈로스의 자손 중 하나가 말했다.

"저는 퓌탈로스의 자손으로 장사의 손에 묻은 피를 닦아드리고자 이렇게 기다리고 있습니다. 아테나이는 인간에게 평화의 상징인 올리브를 주신 은혜로 아테나 여신께서 얻으신 거룩한 도시입니다. 비

도둑 시니스를 죽이는 테세우스
테세우스는 아테나이로 가는 도중 무수한 도적들을 때려 죽였다. 그 죄를 닦기 위해 아테나이에 들어갈 때는 여장을 했다.

록 영웅께서 죽인 자들이 괘씸한 자들이긴 하나 아테나 여신의 뜻에 맞게 복을 지으시지요."

　이들의 선조 되는 '퓌탈로스(심는 자)'는 곡물의 여신 데메테르에게 바쳐 아테나이에다 최초의 무화과나무를 '심은' 사람이다. 이 당시 아테나이 사람들은 퓌탈로스 집안 사람들이 시키는 대로 기왕에 지은 죄를 닦으면 죽음의 땅에서 소생하는 것으로 믿었다.

　테세우스는 퓌탈로스 집안 사람들이 시키는 대로 '흡사 부인복 같은 이오니아 두루마기' 차림에 머리를 풀고 궁전으로 들어갔다. 테세우스가 여장하고 궁전으로 들어가자 성벽을 쌓던 자들이 내려다보며 "나이 든 처녀가 어째서 몸종도 없이 나다니는가!"
하고 야유했다.

　트로이아 원정군을 소집하기 위해 사령관 아가멤논은 그리스 여러 왕국으로 사신을 보내어 군사를 모으게 했다. 그런데 당시의 으뜸가는 영웅 아킬레우스가 나타나지 않았다. 숨어버린 것이다. 이 영웅 아킬레우스가 이 일에 끼어들지 않으려고 한 데엔 이유가 있었다.

아킬레우스는 테티스의 아들이다. 테티스는, 저 불화의 사과가 던져졌던 결혼식의 신부였던 바로 그 테티스다. 테티스 자신은 죽음과 아무 상관이 없는 여신의 몸, 바다의 요정이었다. 그러나 일찍이 테티스는 아들이 원정에 참가하면 트로이아성을 목전에 두고 죽을 운명이라는 걸 알고 아들의 출전을 만류하고 싶었다. 그래서 아들 아킬레우스를 뤼코메데스왕의 궁전에 보내어 처녀로 변장하게 한 뒤

여장한 채 칼을 뽑는 아킬레우스
여장하고 뤼코메데스 왕궁에 숨어 있던 아킬레우스가 본성을 참지 못하고 칼을 뽑음으로써 정체를 드러낸다.

9장 코스모스를 위한 카오스

공주들 사이에 숨어 살게 했다.

　연합군의 꾀주머니 오뒤쎄우스는 아킬레우스가 그 궁전에 있다는 걸 알아내었다. 오뒤쎄우스는 그래서 방물장수로 변장, 잠입해서 공주들 앞에다 물건을 펼쳐 전을 벌였다. 오뒤쎄우스가 전을 벌인 물건 중에는 무기도 섞여 있었다. 왕의 딸들은 장신구 같은 것을 만졌지만 아킬레우스만은 무기를 만짐으로써 오뒤쎄우스의 눈앞에 그 정체를 드러내었다. 오뒤쎄우스는 큰 힘 안 들이고 아킬레우스를 설

얀 데 브레이의 〈뤼코메데스 공주들 사이에서 정체가 들통나는 아킬레우스〉
아킬레우스의 정체를 밝히려고 방물장수로 변장한 오뒤쎄우스의 모습이 가관이다. 보스턴 미술관.

득하고는, 그 어머니의 충고를 잊게 한 뒤 다른 이들과 함께 출전하도록 했다.

여장이란 무엇인가? 헤라클레스와 테세우스의 경우는 정죄(죄 닦음)와 밀접한 관계가 있는 것 같다. 하지만 아킬레우스의 경우는 조금 다르다. 겉보기에 아킬레우스는 단지 몸을 숨기기 위해 여장한 것에 지나지 않는 것으로 보인다. 그리스 최고의 전쟁 영웅으로 일컬어지는 아킬레우스가, 자기 정서와 맞지 않는데도 단지 출전을 기피하겠다는 이유에서 오랜 기간 여장하고 지낼 수 있었을까? 아무래도 조금 더 정교한 설명이 있어야 할 것 같다.

그리스 신화에는 양성적 인간이 여럿 등장한다. 요정 살마키스의 몸이 합류하면서 양성 인간이 되는 헤르마프로디토스가 그렇고, 원래 여자로 태어났다가 레토 여신에 의해 남자로 뒤바뀌는 레우키포스가 대표적인 양성인(어지자지)들이다.

이것은 고대 그리스인들의 '양성적 인생관'을 반영한다고 볼 수 없을까? 그들은 인간이 태아 상태일 때는 양성이라고 믿었다. 그렇다면 그들의 양성적 인생관은, 인간의 근원을 깊이 통찰하고자 하는 의지 표명은 아니었을까? 아프로디테의 고향 퀴프로스에는, 청년들이 한 해에 한 번씩 침대에 누워 아기를 낳는 여성의 산고를 흉내 내

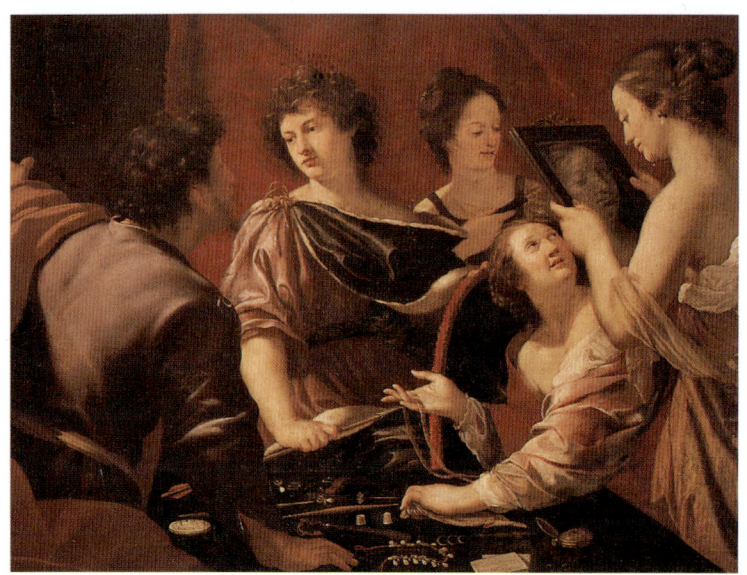

중성적으로 그려진 영웅
프랑스 화가 시몽 부에의 〈뤼코메데스 왕궁에서 적발당하는 아킬레우스〉. 아킬레우스(중앙)의 얼굴이 중성적으로 표현되어 있다.

는 의식이 전해져 내려온다. 플루타르코스에 따르면, 아르고스에는 해마다 한 번씩 남성과 여성이 옷을 바꾸어 입는 축제가 열렸다. '휘브리스티카'라고 불린 이 축제는 '혼성 축제'을 뜻한다. 헤라클레스, 테세우스, 아킬레우스의 여장은 근원의 경험에 대한 욕구의 표현은 아니었을까? 알렉산드로스 대왕도 죽기 몇 달 전부터 여장하고 지냈던 것으로 알려지고 있다.

정체를 드러내는 아킬레우스
니콜라 푸생의 〈뤼코메데스의 딸들과 아킬레우스〉. 아킬레우스가 칼을 들고 투구를 쓴 모습을 거울에 비춰봄으로써 정체를 드러낸다. 리치먼드 버지니아 미술관.

그리스 최고의 도사, 테이레시아스

 미지의 미래에 관한 한 그리스인들에게는 두 가지 만병통치약이 있었다. 하나는 아폴론의 신탁이었고 또 하나는 테이레시아스의 예지력이었다. 일찍이 라이오스왕의 살해범으로 그 아들 오이디푸스를 지목한 사람도 테이레시아스, 아기 나르키쏘스를 보고 저 자신을 알지 못하면 천수를 누리는 것도 어렵지 않을 것이라고 예언한 사람도 테이레시아스였다. 테이레시아스는 이승을 떠난 뒤에 저승으로 찾아간 오뒤쎄우스의 미래를 예언해주었던 사람이다. 그는 육안을 잃은 장님이었다. 하지만 그에게는 심안, 즉 마음의 눈이 있었다.
 테이레시아스가 육안을 잃고 심안을 얻은 내력에는 두 가지 이야기가 있다. 테바이 사람들은 이렇게 설명한다.
 어느 날 제우스가 넥타르, 즉 신들이 마시는 술을 갑신하게 마시고 아내 헤라에게 농을 걸었다.
 "사랑으로 득을 보는 것은 남성이 아니라 여성일 게요. 여자 쪽에서 보는 재미가 나을 테니까."

제우스의 희롱에, 헤라는 그렇지 않다고 말했다. 부부가, 남성이라거니 여성이라거니 토닥거리다가 결국 남성과 여성, 즉 양성으로 사랑을 경험했다는 점쟁이 테이레시아스에게 물어보기로 의견을 모았다.

테이레시아스가 양성을 경험한 내력은 이렇다. 어느 날 산길을 가던 테이레시아스는, 굵은 뱀 두 마리가 사랑을 나누고 있는 것을 보고는 별생각 없이 지팡이로 때려주었다. 남성이었던 테이레시아스는 이때부터 여성이 되어 7년 동안을 여성으로 살았다.

8년째 되던 해의 어느 날 똑같은 뱀이 또 뒤엉켜 있는 것을 본 여성 테이레시아스는 내심 이렇게 생각했다.

"너희에게, 때린 사람의 성을 바꾸는 기특한 권능이 있는 모양이니 내 다시 한번 때려줄 수밖에……."

테이레시아스는 뱀을 또 한 차례 때리고는 본래의 성, 그러니까 남성으로 되돌아올 수 있었다.

테이레시아스는 두 신의 다분히 장난기가 있는 논쟁을 평론할 입장에 몰리자 제우스 쪽이 옳다면서 이렇게 말했다.

"남자는 사랑하되 그 마음으로 기다렸던 기쁨의 열 몫 중 하나밖에는 누리지 못합니다. 그러나 여자에게는 마음으로 기다리는 것이 이미 마음의 기쁨이 되니 열 몫을 다 누리는 것이지요."

그러자 헤라는 별것도 아닌 이 일에 불같이 화를 내며 이 테이레시아스를 장님으로 만들어버렸다. 참으로 염치가 없어진 것은 제우스였다. 그러나 신들의 세계에서 한 신이 매긴 죗값을 다른 신이 벗길 수는 없었다. 그래서 제우스는, 보는 능력을 빼앗긴 테이레시아스에게 대신 미래를 예견할 수 있는 마음의 눈을 주었다.

하지만 아테나이 사람들은 달리 설명한다.

아크로폴리스 언덕에서 무너진 바위를 다시 쌓던 아테나 여신은 잠시 일을 쉬고 숲으로 들어가 정한 샘가에서 몸을 닦고 있었다. 테이레시아스라는 청년이 우연히 지나치다가, 여염집 처녀겠거니 하고 여신의 알몸을 한동안 훔쳐보았다.

까마귀 덕분에 엿보는 자가 있음을 안 여신은 테이레시아스를 가까이 불러,

"이것은 신들의 몫"

이라는 말과 함께 한 손으로 테이레시아스의 눈을 쓰다듬고,

"이것은 아테나의 몫"

이라면서 다른 한 손으로는 테이레시아스의 가슴을 쓰다듬었다.

이로써 육안을 잃고 장님이 되는 대신 심안을 얻게 된 테이레시아스는 아크로폴리스를 내려오면서 아테나 여신을 찬양했다.

"영원한 처녀 신이시여, 한 손으로는 치시고 한 손으로는 거두시니 감사합니다. 겉 보는 것을 거두어 가시고 속 헤아리는 것을 주시니 감사합니다. 눈보다 큰 눈동자, 눈동자보다 깊이 헤아릴 수 있는 것을 주시니 감사합니다. 성처녀시여, 잃고도 얻는 것을 알게 하시니 감사합니다."

그러니까 무엇인가? 남성의 여장 경험, 여성의 남장 경험은 이성

에 대한 근원적 이해의 경험이라는 것인가? 영웅의 위대한 업적 성취는 이런 경험을 통해서 비로소 가능하다는 것인가? 테이레시아스가 인간의 미래를 훤히 꿰뚫어볼 수 있는 것은 양성인의 경험이 있었기 때문에 가능했다는 뜻인가? 위대한 인간들에 의한 '코스모스(질서)'의 확립은 이런 '카오스(혼돈)'의 경험을 통해서 가능하다는 뜻인가?

그렇다면 이피스는 완전한 인간이겠다.

완전한 인간, 이피스

크레타섬 도시국가 크노쏘스와 인접한 파이스토스에 리크도스라는 사람이 살고 있었다. 리크도스는 명문과는 아무 인연이 없는 평범한 집안의 자유인으로 태어난 사람이었다. 신분이 신분인지라 재산도 크게 볼 것이 없었다. 그러나 그는 일상생활에서나 품행에서나, 남의 손가락질 받을 짓을 하지 않고 사는 위인이었다. 임신한 아내 텔레투사가 해산할 날이 가까워오자 리크도스는 이런 말을 까놓고 했다.

"내게는 바라는 것이 두 가지 있소. 하나는 그대가 되도록 진통으로 고생하지 않고 아기를 낳았으면 하는 것이고, 또 하나는 아들을 낳아주었으면 하는 것이오. 딸은 우리에게 짐이 될 뿐이오. 불행히도 나는 딸을 먹여 살릴 만큼은 넉넉하지 못하오. 그래서 그대가 딸을 낳는 일은 일어나지 않았으면 하는 것이오. 만일에 딸이 태어나면 그 아이는 죽음을 면하기 어려울 것이오. 나도 좋아서 이런 말을 하는 것은 아니오. 다 가족을 생각해서 이런 말을 하는 것이니 이러는 나를 용서하기 바라오."

이 말끝에 부부는 서로 부둥켜안고 울었다. 이 말을 한 지아비보다는 이런 말을 들은 지어미가 더 섧게 울었다. 아내는 남편에게, 제발 그 말을 거두어달라고 애원했지만 허사없었다. 남편의 결심은 이미 아내의 말에 흔들리지 않을 정도로 확고했다.

텔레투사가 만삭이 된 몸을 가누기 어려울 즈음 강의 신 이나코스의 딸 이오가 수많은 신과 여신을 대동하고 텔레투사의 꿈에 나타났다. 처녀 시절 제우스에 의해 암소로 둔갑한 뒤 헤라로부터 모진 시련을 받던 이오는 이때 이미 이집트에서 이시스 여신으로 섬김을 받고 있었다. 이미 머리에 초승달 모자의 뿔을 달고 이 뿔에다 노란 이

이집트의 어머니 이시스
이집트 여신 이시스(오른쪽)와 오시리스(중앙), 그리고 둘 사이에서 태어난 아들 호루스. 이시스가 그리스에서 건너간 여신으로 그려지기도 하나, 사실은 그리스가 이집트 신화를 흡수한 것이다. 로마 바티칸 박물관.

삭을 매단 이오 일행의 거동은 여왕의 행차를 방불케 했다.

 이오 옆에는 개의 머리를 한 아누비스, 거룩한 부바스티스, 살갗에 얼룩 반점이 있는 아피스, 그리고 스스로도 말하지 않고, 남들에게도 말하지 말라는 뜻으로 손가락을 세워 입술에 대고 있는 실렌사도 거기에 와 있었다. 거룩한 타악기도 보였고, 이오가 그토록 찾아 헤매던 오시리스 신, 그리고 엄청난 최면 독을 품은 무수한 이방의 뱀도 보였다. 여신이 된 이오가 텔레투사에게 말했다. 텔레투사는 금방 잠에서 깬 사람처럼, 생시에 보는 것과 조금도 다름없는 이 광경

텔레투사의 꿈에 나타난 이시스 여신
1732년 출간된 오비디우스의 『변신 이야기』에 수록된 삽화로, 18세기 프랑스 판화가 베르나르 피카르의 판화.

을 보면서 이오의 말을 들었다.

"텔레투사, 나와 신세가 비슷한 텔레투사야. 너무 근심하지 말고, 네 지아비가 그런 명을 내렸다고 너무 야속하게 생각하지 말아라. 해산의 여신 에일레이튀이아가 점지한 이상 사내아이든 계집아이든 괘념치 말고 낳아서 잘 기르도록 하여라. 나는 기도하는 너희에게 유익한 여신이다. 그러니, 섬겨도 돌보지 않는다고 야속하게 생각도 말고, 불평도 하지 말아라."

이오는 이 말을 남기고는 그 방에서 사라졌다. 텔레투사는 꿈에서 깨어나 별을 향하여 두 팔을 벌리고, 꿈에서 보았던 이오 여신의 축

헤르메스의 원조, 아누비스
그리스의 헤르메스와 동일시되는 이집트 신화 속 개 머리를 한 신, 아누비스. 로마 시대 복제품.

복이 현실로 이루어지기를 빌었다.

 극심한 산고 끝에, 텔레투사가 배에다 싣고 있던 무거운 짐은 새 생명으로 태어났다. 딸이었다. 텔레투사는 지아비에게, 태어난 아기가 딸이라는 사실을 밝히는 대신 아들이라고 거짓말을 했다. 아들이라면 길러도 좋은 것은 물론이었다. 지아비는 아내의 말을 의심하지 않았다. 텔레투사가 남편을 속이고 있다는 것을 아는 사람은 해산을 도운 노파뿐이었다.

 텔레투사의 남편은 자기가 소원하는 대로 아들이 태어난 것에 만족스러워하면서 아기 조부의 이름을 따서 아기를 '이피스'라고 부르게 했다. 텔레투사가 이 이름을 무척 좋아했다. '이피스'는 사내아이에게나 계집아이에게나 두루 붙일 수 있는 이름이었기 때문이다. 텔레투사는, 아기가 '이피스'라고 불리고부터는 남편이나 주위 사람들을 속이고 있다는 부담감을 느끼지 않아서 좋았다. 그러나 텔레투사는 계속해서 새로운 거짓말을 생각해내지 않으면 안 되었다. 이피스가 사내아이가 아니라 실은 계집아이라는 비밀은 어느 누구도 알지 못했다. 아이 모습은, 남자가 되었든 여자가 되었든 '참하다'는 소리를 들을 만했다.

 이피스의 나이 열세 살이 되자 아버지 리크도스는 이피스의 배필을 골랐다. 참으로 공교롭게도 소녀 이안테로 정해졌다. 이안테는 도시국가 파이스토스에서 가장 아름답다는 소리를 듣던 금발의 소녀였다. 이안테로 정해진 것이 공교롭다는 것은, 이피스와는 나이도 같고, 준수한 미모 또한 빼어난 데다 같은 스승 밑에서 공부한 처지였기 때문이다.

이피스와 이안테는, 혼담이 오고 가기 전에도 순수한 마음으로 서로 사랑하고 있었다. 하지만 그 사랑은 이루어질 수 없는 사랑이었다. 이피스에게 이안테와의 사랑은 고통의 씨앗이지 다른 것이 아니었다. 이 결혼에 대해 이피스와 이안테가 하고 있는 생각은 사뭇 달랐다.

이안테는 이피스와 결혼할 날을 손꼽아 기다렸다. 자기가 마음에 두고 있던 소년이 머지않은 장래에 남편이 되도록 예정되어 있었으니 당연했다. 하지만 이피스는 사랑해서는 절대로 안 될 이안테를 사랑하는 셈이었다. 이피스는 그러니까 소녀의 몸으로 소녀를 사랑하고 있는 셈이었다. 이피스는 착잡한 심정으로 눈물을 흘리면서 혼자 이렇게 중얼거렸다.

"참으로 불가사의한 이 사랑, 이 일을 어쩐다지? 이토록 기묘한 사랑에 빠지다니……. 세상에, 이런 사랑이 있는 줄을 누가 알 것인가? 신들이 나를 이 땅에 살려두실 생각이 있으셨다면, 내게 이런 일이 일어나게 버려두시지는 않으셨을 것이다. 신들께서 나를 파멸케 하실 생각이 있으셨다면 여느 인간들을 치는 불행으로 나를 치셨지, 이렇게 해괴한 사랑에 빠지게 하시지는 않았을 것이다. 아, 암소는 암소를 사랑할 수 없고, 암말은 암말을 사랑할 수 없는 법이다. 암양의 피를 끓게 하는 것은 숫양이요, 암사슴의 뒤를 쫓는 것은 수사슴이 아니던가? 새들도 이 같이 짝을 짓는다. 이 세상에 암컷이 암컷을 사랑하는 짐승이 어디 있던가? 차라리 이 세상에 태어나지 않았더라면 좋았을 것을……. 괴물 많기로 유명한 이 크레타섬에서 태양신 헬리오스의 딸 파시파에가 황소를 사랑한 일이 있기는 하다. 하지만 왕비는 여자였고 소는 황소가 아니었던가? 나의 이 미친 사랑에 견주면 파시파에 왕비의 사랑은 이루어질 가능성이라도 있으니 차라리 온당한 편이다. 왕비는 수소의 사랑을 얻기 위해 암소 모형이라도 빌리지 않았던가? 왕비가 속인 소는 그래도 수소 아니던가? 내 경우는 다르다. 세상 재주꾼이라는 재주꾼이 다 몰려와도, 심지어는 저 다이달로스가 밀랍으로 붙인 깃털 날개로 날아와도 소용없다. 다이달로스의 재주가 아무리 용한들 무슨 수로 여자인 나를 남자로 만들겠는가? 안 된다. 이피스야, 정신을 차리고 이 어리석은 생각, 쓸데없는 생각은 털어버려야 한다. 너 자신도 속이지 말고 남들도 속이지 말아라. 네가 무엇으로 태어났는지 눈 부릅뜨고 잘 보아라. 네가 할 수 있는 것이 무엇인지 바로 보아라. 여자인 네가 사랑할 수 있는 상대를 사랑하라. 이안테는 안 된다. 사랑의 욕망을 낳고 이 욕망을 살찌우는 것이 무엇이던가? 바로 희망이다. 하지만 자연은 너에게 그런 희망을 허락하지 않았다. 네가 바라는 그 달콤한 포옹을 가로막는 것은 세상의 눈길도 아니요, 의심 많은 지아비의 질투심도 아니며, 너의 그 엄격한 아버지도 아니다. 네가 사랑하는 사람은 너의 사랑을 거두지 못한다. 그러므로 신들과 인간들이 도와준다고 하더라도 네가 사랑하는 사람은 너의 사람이 될 수 없고, 너 또한 네가 사랑하는 사람의 사람이 될 수 없다.

아, 신들은 나의 기도를 들어주시지 않는구나. 그러나 신들은 자비로우시다. 신들은 나에게 주실 것을 모두 주셨다. 내 아버지, 내가 사랑하는 사람, 내가 사랑하는 사람의 아버지를 내게 베풀어주셨다. 이분들이 모두 나와 같은 기도를 드린다. 하지만 '자연'은 이를 허락하지 않는다. 내 앞을 가로막고 있는 것은 오로지 자연뿐……. 하지만 누가 이 자연을 거역할 수 있다는 말인가? 기다리고 기다리던 때는 다가오고 있다. 혼인날이 임박했다. 이날만 지나면 이안테는 내 사람이 된다. 그러나 이안테는 내 사람이 될 수 없다. 나는 탄탈로스처럼 물속에서 갈증에 시달려야 하는구나. 우아하신 헤라 여신이시여, 휘메나이오스(혼인) 신이시여. 이날 저희에게 오소서. 신랑은 하나도 없고 신부만 둘인 이 혼인 마당으로 부디 오소서."

말을 마친 이피스는 눈물을 훔쳤다.

이피스를 향한 이안테의 사랑 역시 이안테를 향한 이피스의 사랑 못지않게 뜨거웠다. 이안테는 이안테대로 그 결혼식에 휘메나이오스 신이 오시기를 기도했다. 이안테가 그런 기도를 하고 있다는 것을 안 텔레투사는 갖가지 구실을 붙여 자꾸만 혼인 날짜를 연기했다. 이피스가 병이 났다는 핑계를 대어 연기했고, 불길한 징조가 나타났다거나 꿈자리가 나쁘다는 핑계를 대어 연기했다. 하지만 구실이나 핑계도 더 이상은 할 수 없을 때가 왔다.

질질 끌어오기만 하던 결혼식을 겨우 하루 앞둔 날의 일이다. 텔레투사는 딸 이피스를 데리고 이시스 여신의 신전으로 갔다. 텔레투사는 자신의 머리와 이피스의 머리에서 댕기를 풀고 머리카락을 풀어헤친 채 제단을 치며 울부짖었다.

호루스에게 젖을 먹이는 이시스 여신
로마 시대의 대리석상.

"이시스 여신이시여, 저를 도와주소서. 저의 이 근심의 뿌리를 잘라주소서. 여신이시여, 저는 예전에 여신을 뵈었나이다. 여신의 제단도 뵈었고, 여신을 보필하시는 분들도 뵈었습니다. 횃불도 보았고 신성한 악기가 울리는 소리도 들었나이다. 저는 여신의 말씀을 듣고 제 기억에 다 아로새겼나이다. 제 딸이 아직까지 살아 있고 제가 거짓말을 하고도 벌을 받지 않은 것도 다 여신께서 도우셨기 때문인 줄 아나이다. 여신이시여, 저희를 불쌍하게 여기시고 도와주소서."

말을 마친 텔레투사의 눈에서 눈물이 주르륵 흘러내렸다. 그런데 이시스 여신이 텔레투사의 말을 들었다는 표적으로 신전을 뒤흔든 것 같았다. 아니, 여신은 정말로 신전을 흔들었던 것이다. 신전에 이어서 신전 문도 일제히 흔들렸다. 여신상의 이마에 달린 초승달 꼴 장식이 달처럼 빛나면서 신성한 악기가 울렸다. 여신으로부터 모녀를 도울 것이라는 확인을 받은 것은 아니었지만 그래도 모녀는 좋은 징조를 본 것에 만족하고 한결 가벼워진 마음으로 신전을 나올 수 있었다.

이피스는 어머니 텔레투사 곁에서, 늘 그렇듯이 시원시원한 보폭으로 걷고 있었다. 그런데 갑자기 이피스의 피부색이 변했다. 얼굴 생김새도 바뀌었다. 이피스의 근육에서 힘살이 부풀어 올랐다. 영락없는 청년이었다. 이시스 여신이, 조금 전까지도 여성이었던 이피스의 몸을 남성의 몸으로 바꾸어준 것이다. 마땅히 신전으로 되돌아가 제물을 드려야 할 일이었다. 텔레투사와 이피스는 신전 제단에 제물을 바치고 다음과 같은 짧은 글을 남겼다.

> 처녀로서 약속드렸던 이피스의 제물을
> 청년이 된 이피스가 드리나이다.

다음 날 새벽의 여신 에오스가 온 누리를 밝히자 결혼식이 시작되었다. 아프로디테 여신, 헤라 여신, 휘메나이오스 신이 자리를 빛내었다. 청년 이피스는 이안테를 아내로 맞았다.

10장
로미오와 줄리엣의 원조

GREEK
AND
ROMAN
MYTHOLOGY

이루어지지 못한 사랑

책 읽기를 좋아하는 경상도 총각	저, 아가씨, 『로미오와 줄리엣』은 읽어봤는기요?
책 읽기를 싫어하는 경상도 처녀	로미오는 읽어봤는데 줄리엣은 아직 못 읽었심더.

우리 어리던 시절에 나돌던 농담이다. 썰렁하다. 사금파리처럼 뾰족뾰족한 농담이 밤하늘 별처럼 박힌 채 반짝이는 이 시대에 다시 하고 보니 그렇다. 하지만 그 시절 우리는 이런 농담에도 데굴데굴 굴렀다. 그 시절 처녀 총각들에게는 『로미오와 줄리엣』 읽기가 큰 미덕이었다. 그 이름 외고 다니는 사람도 그리 많지 않았다. 하지만 지금은 로미오나 줄리엣의 이름을 모르는 사람은 거의 없다. 초등학생들 중에도 '로미오와 줄리엣' 하면, 이루어지지 못한 두 처녀 총각의 사랑 이야기를 좌르륵 떠올리는 학생들이 적지 않다. '로미오'와 '줄리엣'의 이름을 듣는 순간 두 사람의 슬픈 사랑 이야기를 좌르륵 떠

올리는 것, 이것이 바로 문화적 '압축 파일' 풀리기의 경험이다.

『로미오와 줄리엣』은 영국 작가 윌리엄 셰익스피어가 쓴 희곡의 제목이다. 셰익스피어의 작품 중에는 『한여름 밤의 꿈』이라는 희곡도 있다. 이 작품의 한국어 번역판 중에 해괴한 번역판이 있다. 나는 남의 번역을 놓고 잘잘못 시비하는 것을 좋아하지 않는다. 하지만 내가 손에 들고 있는 이 번역판은 그냥 넘어갈 수 없다. 독자들이 해야 할, 문화적 압축 파일이 풀리는 경험 때문이다. 그리스와 로마 신화 책을 한 권도 읽어보지 않은 사람은 모르겠지만 한 권이라도 읽어본 사람들에게는 내가 보증하거니와 잠시 후 요절복통, 포복절도하게 될 것이다. 내가 들고 있는 이 번역판은 다음과 같은 말로 시작된다.

(디슈스와 히펄리터 등장하여 자리에 앉는다……)

디슈스   아름다운 히펄리터, 이제 우리 혼례식도 눈앞에 다가왔구려…….

히펄리터   나흘의 낮은 눈 깜작할 사이에 밤의 어둠으로 흘러가고, 나흘 밤도 꿈같이 사라질 거예요. 그러면 힘껏 당기어진 은빛 활 같은 초승달이 하늘에 떠서 우리의 엄숙한 혼례식을 지켜볼 거예요.

디슈스   ……히펄리터, 사실 난 그대와 검을 갖고 싸우다 청혼을 하여 사랑을 얻었고 불측한 해악도 많이 저질렀소…….

(중략)

(이지어스 등장)

이지어스   (절을 하면서) 고명하신 공작님께 만복이 있으소서.

디슈스   감사하오. 이지어스. 그런데 웬일이오?

압축 파일이 풀리는가? 풀리지 않을 것이다. '디슈스'와 '히펄리터'는 곧 결혼할 사이다. 그런데 '디슈스'는 '히펄리터'에게 '그대와 나는 검을 갖고 싸우다 청혼을 하여 사랑을 얻었'다고 말한다. 도대체 이게 무슨 말인가? 압축 파일이 풀리지 않는 것은 고유명사를 괴상망측하게 음역했기 때문이다.

내가 알고 있는, 독자 여러분이 잘 알고 있을 터인 그리스 신화 한 토막을 먼저 얘기하자.

아테나이의 영웅 테세우스는 싸우기를 좋아하는 여인족 아마존 여왕 히폴뤼테와 싸운 적이 있다. 나중에 히폴뤼테는 테세우스의 아

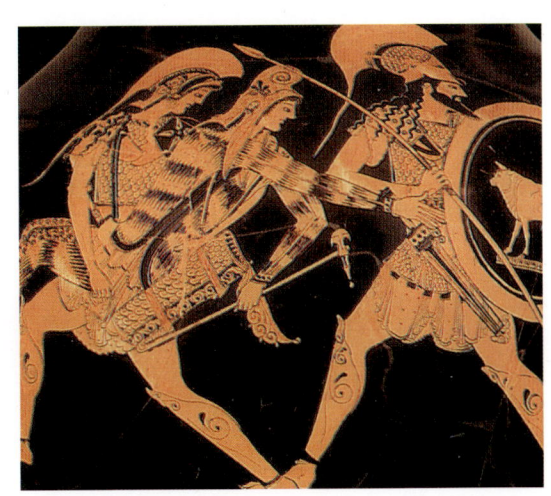

아마조노키아(아마존과의 갈등)
아마존 여왕 히폴뤼테를 납치하는 테세우스 (왼쪽). 기원전 5세기의 꽃병 그림.

내가 되었다. 독자들은 벌써 눈치챘을 것이다. 테세우스를 '디슈스', 히폴뤼테를 '히펄리터'로 엉터리 음역을 했기 때문에 이 압축 파일이 풀리지 않았던 것이다. 아마존 여성들은 아르테미스 여신을 섬긴다. 위에서 히펄리터(히폴뤼테)가 '그러면 힘껏 당기어진 은빛 활 같은 초승달이 하늘에 떠서 우리의 엄숙한 혼례식을 지켜볼 거예요'라고 말하는 것은 그 때문이다. '은빛 활 같은 초승달'은 바로 아르테미스를 상징한다. 테세우스와 아마존 히폴뤼테(혹은 아마존 안티오페) 사

부상당한 아마존 여전사
독일 화가 프란츠 폰 슈투크의 그림.

이에서 태어난 아들이 바로 히폴뤼토스다. 히폴뤼토스는 아마존족 출신인 어머니처럼 아르테미스를 섬기다 사랑의 여신 아프로디테의 눈에 나서 곤욕을 치른 적도 있다.

나중에 나타나는 '이지어스'는 '아이게우스'여야 한다. 아이게우스는 원래 테세우스의 아버지 이름이다. 셰익스피어가 장난하느라고 아버지와 아들의 역할을 바꾸어놓은 것이다. 엉터리 번역은 이제 바로잡혔다. '디슈스와 히펄리터' 이야기는 '테세우스와 히폴뤼테' 이야기의 패러디인 것이다. 이제 압축 파일이 풀렸을 것이다.

하지만 나는 이 해괴한 번역본을 좀 더 시비해야겠다.

『한여름 밤의 꿈』에서 마을 사람들은 테세우스와 히폴뤼테의 결혼식을 축하하는 뜻에서 연극 공연을 하게 된다. 이야기 줄거리를 설명하고 배역을 정하는 대목을 읽어보자. 부적절한 고유명사 음역을 작은따옴표로 가두었다.

퀸스 니크 보틈, 자넨 '피라머스' 역일세.

보틈 '피라머스'가 뭔데? 연인 역인가, 아니면 폭군 역인가?

퀸스 연인 역일세, 사랑 때문에 막판에 가서 용감하게 자살한다.

보틈 ……내가 그 역을 맡게 되면 관객들은 자기 눈을 조심해야 할 거야. 내가 눈물의 폭풍을 일으킬 테니까. 하지만 나는 천하장사인 '에르클리즈' 역이면…… 기가 막히게 해내고말고. …… 이건 '에르클리즈' 말투요.

퀸스 플루트, 자네는 '디스비' 역을 해주게.

플루트　　'디스비'가 뭔데?

퀸스　　'디스비'는 '피라머스'가 사랑하는 여인일세…….

　'피라머스'는 바빌로니아의 으뜸가는 미남이었다는 '퓌라모스'다. '디스비'는 바빌로니아의 으뜸가는 미녀였다는 '티스베'다. '에르클리즈'는 천하장사 '헤라클레스'다. 보라. 헤라클레스는 어느 나라 말이 되었든 '헤라클레스'라고 부르는 것이 좋다. 영국인은 '허큘리즈', 프랑스 사람은 '에르퀼르', 이렇게 따로따로 부른다면 얼마나 불편한가? 그리스와 로마 신화에 무지한 번역자의 셰익스피어 번역은 얼마나 위험한가?

디슈스　　반인반마 '센토오'와의 전투…… 내 사촌 '허쿨리즈'의 무용담…… '드레이스'의 가수 '올페우스'…… 젊은 '피라머스'와 그의 연인 '디스비'의 길고도 간결한 한 장면, 매우 비극적인 희극…….

　위의 번역을 이해하기 위해서 우리는 '센토오'는 '켄타우로스', '허쿨리즈'는 '헤라클레스', '드레이스'는 '트라키아', '올페우스'는 '오르페우스'로 바꾸어야 한다. '피라머스'와 '디스비'는 언급할 가치도 없다.

자, 이제 '퓌라모스와 티스베' 이야기를 읽어보자. 이 이야기는 그리스와 로마 신화에 편입되었을 뿐, 정확하게 말하면 바빌로니아 신화다.

세미라미스 여왕이 바빌로니아를 다스리고 있을 당시의 이야기다. 바빌로니아에서 으뜸가는 미남은 퓌라모스, 으뜸가는 미녀는 티스베였다. 두 사람의 집은 가까이 있었다. 집이 가깝다 보니 집안 사이가 가까웠고, 집안 사이가 가깝다 보니 이 두 젊은이 사이도 가까워져 이윽고 서로 뜨겁게 사랑하게 되었다. 두 사람은 서로를 기꺼이

실낱 같은 희망
19세기 영국 화가 번 존스의 〈벽 틈으로 퓌라모스에게 편지를 전하는 티스베〉.

결혼 상대로 생각하고 있었다. 양가 부모들은 이를 허락하지 않았다. 그러나 두 사람의 사랑이 서로의 가슴에서 같은 뜨거움으로 타오르는 것, 이것만은 부모들이 어쩔 수 없는 일이었다.

두 사람은 손짓, 눈짓으로 속마음을 나누었다. 그러자니 서로의 불길은 서로의 가슴속으로만 타들어갈 수밖에 없었다. 두 집 사이에는 벽이 있고, 이 벽에는 구멍이 하나 나 있었다. 벽을 쌓을 때 제대로 쌓지 못해서 생긴 구멍이었다. 그때까지 벽에 구멍이 있다는 걸 안 사람은 하나도 없었다. 그러나 두 사람은 용케 그 구멍을 찾아냈다. 하기야 사랑을 구하는 이들 눈에 무엇인들 안 보였겠는가. 이 구멍은 두 사람이 대화를 나눌 수 있는 유일한 통로 구실을 했다. 달콤한 사랑의 말이 이 구멍을 통하여 넘나들었다. 퓌라모스가 벽 이쪽에 서고, 티스베가 벽 저쪽에 서면 두 사람의 숨결은 하나같이 달아올랐다. 두 사람은 이렇게 탄식했다.

"무정한 벽이여, 어째서 우리 둘을 이렇게 갈라놓는다지? 그러나 우리는 너의 은혜를 잊지 않는다. 그래도 우리가 이렇게 사랑의 말에 목말라 있는 귀에 달콤한 사랑의 말을 전할 수 있는 것은 다 네 덕분이니까."

두 사람은 벽 양쪽에서 각각 이렇게 속삭이다가 이윽고 밤이 되어 이별을 고해야 할 순간이 오면 티스베는 티스베 집 쪽 벽, 퓌라모스는 퓌라모스 집 쪽 벽에 입술을 눌렀다. 더 이상 어떻게 해볼 도리는 없었다.

벽에 가로막힌 사랑
벽에다 귀를 대고 퓌라모스의 음성에 귀를 기울이는 티스베. 19세기 영국 화가 존 윌리엄 워터하우스의 그림.

 이 대목에서 셰익스피어의 『한여름 밤의 꿈』을 펼쳐보자. 한국어 번역판이 우리를 배신했으니 원서를 펼쳐볼 수밖에 없다. 돌담을 사이에 두고 퓌라모스와 티스베가 나누는 대화는 듣기에 고통스럽기까지 하다. 전라도 남원 관아의 옥문을 사이에 두고 나누던 춘향과 이몽룡의 대화를 듣는 것 같다.

티스베	벽이여, 내 사랑 퓌라모스와 나 사이를 갈라놓은 벽이여, 내 원망을 들은 것이 몇 번이던가? 내가 앵두 같은 입술을 네게 댄 것이 몇 번이던가?
퓌라모스	아니, 무슨 소리가 들리잖아? 틈새로 다가가 보아야겠구나. 티스베의 목소리를 들을 수 있도록…… 티스베!
티스베	아, 내 사랑, 내 사랑 맞죠?
퓌라모스	그래요. 틀림없소. 나는 그대의 사랑이오…… 메넬라오스처럼 영원히 그대를 사랑하겠소.
티스베	저도 헬레네처럼 당신을 사랑하겠어요. 운명의 여신이 제 목숨을 끊을 때까지 당신을 사랑하겠어요.
퓌라모스	케팔로스가 프로크리스를 사랑했듯이 당신을 사랑하겠어요.
티스베	저도, 케팔로스가 프로크리스를 사랑했듯이 당신을 사랑하겠어요.
퓌라모스	오! 입 맞춰주어요. 이 무정한 돌담 틈으로.
티스베	내 입술이 그대의 입술이 아니라 벽에 닿는걸요.
퓌라모스	니노스의 무덤에서 날 만나주겠어요? 지금 곧?
티스베	생사를 무릅쓰고, 지체 없이 달려가겠어요.

다음 날 아침에도, 새벽의 여신 에오스가 별들의 불을 끄고 태양이 풀잎에 맺힌 이슬을 떠나게 할 즈음이면 두 사람은 같은 곳에서 만났다. 두 사람은 기구한 팔자를 한탄하다 한 가지 대책을 세우기에 이르렀다. 밤이 되어 모두가 잠이 들면, 양가 부모의 눈을 피해 들판으

새벽, 어둠을 몰아내다
태양 마차를 인도하여 밤의 어둠을 몰아내는 새벽의 여신 에오스. 귀도 레니의 그림.

로 나가버리자고 약속한 것이었다. 두 사람은 한꺼번에 움직이면 혹 남의 눈에 뜨일 염려가 있으니까 마을 경계선에서 멀리 떨어진 '니노스(세미라미스 여왕의 남편)의 묘'라고 불리는 유명한 왕릉에서 만나되, 먼저 도착한 사람이 그곳에 있는 나무 밑에서 나중에 오는 사람을 기다리기로 했다.

두 사람이 지칭한 나무는 흰 뽕나무인데 이 뽕나무는 그곳 왕릉의 차가운 샘가에 서 있었다. 서로 말을 맞춘 두 사람은 태양이 물에 가라앉고, 바로 그 물에서 밤이 떠오르기를 하마하마 가슴 졸이며 기다렸다. 이윽고 티스베는 너울로 얼굴을 가리고는 집안 사람들 눈에 띄지 않게 집을 뛰쳐나와서는 예의 왕릉으로 갔다. 그러고는 약속했던 나무 밑에 앉아 기다렸다.

10장 로미오와 줄리엣의 원조

어스름 초저녁 어둠 속에 홀로 앉아 있는데, 암사자 한 마리가 그곳에 나타났다. 암사자는 갓 잡아먹은 짐승의 피를 입가에 잔뜩 묻힌 채 목이 말랐던지 샘을 찾아 그곳까지 왔던 것이었다. 티스베는 암사자에 놀라 그곳에서 도망쳐 바위틈으로 몸을 감추었다. 그러나 너무 급하게 도망치던 나머지 그만 쓰고 있던 너울을 떨어뜨리고 말았다. 사자는 샘물을 마시고는 다시 숲속으로 들어가려고 몸을 돌리다 땅바닥에 떨어진 티스베의 너울을 보고는, 피투성이 입으로 그것을 물어 흔들어 발기발기 찢고 말았다.

조금 늦게 약속 장소에 도착한 퓌라모스는 모래에 찍힌 사자의 발자국을 보고는 낯색을 잃었다. 곧 갈가리 찢긴 채 피투성이가 된 티스베의 너울도 그의 눈에 띄었다. 퓌라모스는 그 너울을 보고 부르짖었다.

"아, 가엾은 티스베, 나 때문에 죽었구나. 나보다 오래 살아야 마땅한 그대가 나를 앞서 희생되었구나. 그래, 나도 그대를 따르리라. 그대를 이렇게 무서운 곳으로 오게 하고도 내 손으로 지켜주지 못한 허물이 어찌 작다고 할 수 있으랴? 자, 사자여! 바위틈에서 나와 이 죄 많은 몸도 그 이빨로 갈가리 찢어다오."

퓌라모스는 너울을 수습하여 약속했던 나무 밑으로 갔다. 그는 그 너울에 몇 번이고 입을 맞추며 눈물을 뿌렸다.

"그대 피로 물든 이 너울, 내 피로 다시 한 번 물들이리라."

퓌라모스는 이 말과 함께 칼을 뽑아 제 가슴을 찔렀다. 찔린 곳에서 용솟음쳐 나온 피는 하얀 뽕나무 열매를 빨갛게 물들였다. 그 피

'로미오와 줄리엣'의 원조
니콜라 푸생의 〈퓌라모스와 티스베가 있는 풍경〉. 프랑크푸르트 슈테델 미술관.

가 땅에 스며 뿌리까지 이르렀다가, 다시 가지를 타고 뽕나무 열매에 스민 것이었다.

그동안 티스베는 두려움에 떨며 숨어 있다가, 너무 오래 숨어 있으면 애인이 실망할까 봐 조심스럽게 바위틈을 나와 애인을 찾아보았다. 자기에게 닥쳤던 위기를 한시바삐 애인에게 말하고 싶었던 것이었다. 티스베는 약속 장소로 가보았다. 티스베는 뽕나무 열매의 색깔이 변한 것을 보고는 혹 나무를 잘못 찾은 건 아닐까 하고 생각했다. 그러나 오래지 않아 티스베는 죽어가고 있는 사람의 모습을 발견했다.

티스베는 자기도 모르는 사이에 뒤로 물러섰다. 떨림이 온몸으로 번져갔다. 일진광풍에 조용하던 수면이 일렁거리는 것과 흡사했다. 티스베는 그 사람이 바로 자기 애인이라는 걸 알고는 울부짖으며 자기 가슴을 쳤다. 티스베는 숨이 끊어져가는 퓌라모스를 부둥켜안고 상처에 눈물을 뿌리며 이제 식어버린 입술에 몇 번이고 입을 맞추었다. 그러고는 울부짖었다.

"오, 퓌라모스, 어쩌다 이 지경이 되었나요? 퓌라모스. 당신의 티스베가 이렇게 부르고 있어요. 자, 고개를 들어보아요."

퓌라모스는, 티스베라는 이름에 잠깐 눈을 뜨고는 피에 물든 자기

한스 발둥의 〈퓌라모스와 티스베〉
어찌 된 셈인지, 퓌라모스가 중년의 사내로 그려져 있다. 베를린 달렘 미술관.

너울과 빈 칼집을 보았다. 티스베는 다시 울부짖었다.

"자기 손으로 찌르셨군요. 그것도 나 때문에……. 이번만은 나도 당신만큼 용감할 수 있어요. 내 사랑도 당신의 사랑 못지않게 뜨거울 수 있어요. 나도 죽어서 당신 곁으로 가겠어요. 우리를 갈라놓을 수 있는 것은 오직 죽음뿐입니다. 그러나 죽음도 당신 곁으로 가려는 나를 말릴 수는 없을 거예요. 아, 가엾은 양가의 부모님들이시여, 저희의 애절한 소원을 용납하소서. 사랑과 죽음이 저희를 묶었으니 바라건대 한곳에 묻어주소서. 그리고 뽕나무여, 우리 죽음의 표적을 잊지 말고 기억해다오. 우리 둘이 흘린 피를 열매로 기억해다오."

말을 마친 티스베는 제 가슴을 칼로 찔렀다. 티스베 부모는 딸의 소원을 용납했고, 신들도 이를 옳게 여겼다. 두 사람의 유해는 한곳에 묻혔고 뽕나무는 오늘날까지도 이를 기념하여 붉다 못해 검붉은 열매를 맺는다.

셰익스피어의 『로미오와 줄리엣』을 요약해보자. 그러면 셰익스피어가 대본으로 쓴 마테오 반델로의 소설 『로메우스와 줄리엣의 슬픈 이야기』가 어디에서 왔는지 짐작하는 것도 가능하다.

이탈리아의 베로나에 몬터규 집안과 캐풀렛 집안이 있다. 이 두 집안은 서로 상극이다. 캐풀렛 집안의 무도회에 갔던 몬터규 집안의 아들 로미오는 캐풀렛 집안의 딸 줄리엣에게 첫눈에 반하게 된다. 두 사람은 신부의 도움을 얻어 은밀히 결혼식을 올린다. 하지만 두 집안 사이에는 처절한 칼부림이 오고 간다. 로미오는 친구가 살해된 것을 복수하려다 캐풀렛 집안 사람을 살해하고는 추방령을 받는다. 로미오는 만토바로 추방당하고, 줄리엣은 집안으로부터 등을 떠밀려 파리스 백작과 결혼하게 되자 신부로부터 받은 약을 먹고는 가사(거짓 죽음) 상태에 빠진다. 소문을 듣고 달려온 로미오는 줄리엣이 정말 죽은 줄 알고 독약을 마시고 자살한다. 가사 상태에서 깨어난 줄리엣은, 그제야 자신의 연극이 로미오를 죽음에 이르게 한 것을 알고는 단검으로 자기 가슴을 찌른다.

　비극으로 승화한 아름다운 사랑…… 이것이 사랑의 이상일 수 있을까? 비극적인 사랑은 '헤로와 레안드로스'에서 다시 한 번 되풀이된다.

11장
코린토스의 빛과 그림자

GREEK
AND
ROMAN
MYTHOLOGY

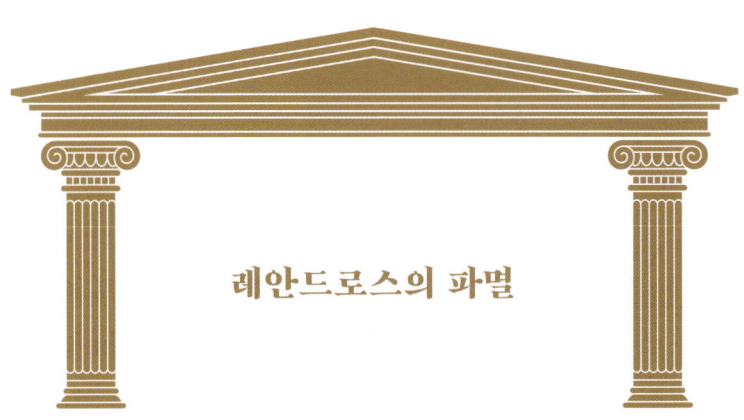

레안드로스의 파멸

아비도스는 아시아와 유럽을 나누고 있는 헬레스폰토스해협(지금의 다르다넬스해협)의 아시아 쪽에 있는 도시였다.

미국 작가 토머스 불핀치가 들려주는 슬픈 사랑 이야기는 의외로 짧다.

아비도스에 레안드로스라는 청년이 있었다. 해협 건너편에는 세스토스라는 도시가 있었는데, 그 도시에는 '아프로디테 신전의 여사제'인 헤로라는 처녀가 살고 있었다.

레안드로스는 이 헤로에게 반했던 나머지, 매일 밤 이 해협을 헤엄쳐 건너가 사랑하는 처녀를 만나곤 했다. 헤로도 그러는 그를 끔찍하게 사랑해주었다. 폭풍이 일어 바다가 사나워진 어느 날 밤, 레안드로스는 기력을 잃고 바다에 빠져 죽고 말았다. 그의 시체가 유럽 쪽 해안으로 밀려왔을 때야 헤로는 그가 죽었음을 알았다. 헤로는 절망을 이기지 못하고 탑에서 바다로 투신하여 애인의 뒤를 따랐다.

정말 신전의 여사제였을까
프레더릭 레이턴의 〈헤로의 마지막 시선〉.

이 짧은 이야기의 두 주인공 헤로와 레안드로스에게 바치는 시인들의 헌사가 뜨겁다.

키츠는 『레안드로스 그림에 부쳐』에서 이렇게 노래하고 있다.

> 엄숙한 마음으로 이곳에 와서
> 늘 눈을 내리깔고, 그 싱싱한 눈빛을 하얀 눈꺼풀 안에다 감추고 있는
> 아리따운 처녀들이여!
> 그대들 아름다운 손으로 합장하라.
> 그 손을 참마음으로 모으지 않고는 볼 수가 없을 것이니

이것은 그대들 눈부신 아름다움의 희생자가

제 젊은 영혼의 밤으로 빠져들어가던 모습,

황량한 바닷속으로 황망 중에 가라앉던 모습이다.

이거야말로 젊은 레안드로스가 허우적거리며 죽어가던 모습이다.

그래도 숨넘어가는 입술을 내밀어 헤로의 뺨을 찾았고,

헤로의 미소에는 미소로 답하고 있다.

무서운 꿈! 보라, 그 몸이 죽음처럼 무겁게 파도 사이로 가라앉는다.

어깨와 팔이 일순 번쩍인다.

그러다 사라지고 만다. 그의 숨결은 포말이 되어 떠오른다.

레안드로스의 주검을 발견하는 헤로
19세기의 석판화.

바이런은 그리스인들이 사랑하는 '필헬레네제'다. '그리스를 좋아하는 사람'이라는 뜻이다. 크림전쟁 중에는 그리스를 위해 싸우기도 한 그는 그리스의 메솔롱기에서 세상을 떠났다.

이 '헤로와 레안드로스' 이야기에 감동한 나머지 바이런은 다리를 저는 장애인이었는데도 레안드로스가 건넌, 너비가 무려 2킬로미터 가까운 해협을 1시간 10분에 걸쳐 몸소 헤엄쳐 건너기도 했다. 이 해협은 물살이 급하기로도 유명하다. 그는 걸작시 「아비도스의 신

레안드로스의 탑
다르다넬스해협(지금의 튀르키에 이스탄불)의 '크즈 쿨레시(처녀의 탑)'라고 불리는 이 탑은 '레안드로스의 탑'이라고도 한다.

부」에서 '부력 좋은 물결이 내 팔다리를 날라다 준 일이 있다'고 노래하고 있다.

슬프고도 아름다운 이 이야기에 감동하면서도 어느 누구도 헤로가 '아프로디테 신전의 여사제'였다는 사실에 주목하지 않는다. '히에로둘리', 즉 '아프로디테 신전의 여사제'라는 말은 '매춘부'라는 뜻이다.

코린토스는 아테나이에서 자동차로 두 시간 거리에 있는 고대 도시다. 코린토스에는 두 개의 도시가 있다. 현대 도시인 '네아 코린토스New Corinthos'와 고대 도시인 '아키아 코린토스Archaic Corinthos'가 그것이다. 사도 바울이 「고린도서」를 쓴 것은 그가 고대 도시 코린토스에 오래 머물렀기 때문이고, 오래 머물렀던 것은 코린토스가 아프로디테 숭배의 중심지 중 하나였기 때문이다.

아름다움과 애욕의 여신 아프로디테는 살아 있는 것들을 번성하게 할 때는 건강한 성욕을 북돋우는 매우 긍정적인 여신일 수도 있지만 그 성욕은 절제가 없는 성욕이어서, 술의 신 디오뉘소스가 그렇듯이 굉장히 위험한 측면을 지닌 부정적인 여신이기도 하다. 아프로디테는 아름답지만 바로 그 위험한 측면 때문에 기독교에 의해 거의 소독당하다시피 한 여신이다.

아프로디테 신전의 여사제, 즉 히에로둘리(신성한 매춘부들)는 나그네에게 몸을 파는 신전 매춘부들이었다. 로마의 지배를 받고 있을 시절의 코린토스는, 사랑의 여신전에서 신전 여사제와 '신성한 매

사도 바울이 코린토스에 머문 까닭
아프로디테 숭배의 중심지였던, 고대 코린토스의 뒷산 아크로코린토스(우뚝 솟은 코린토스).

춘'을 즐길 수 있는 방탕한 사내들의 천국 같은 곳이었다. '코린토스로 간다'는 말은 그래서 '여사제와 하룻밤을 함께한다'는 말과 동의어였다. 로마인들은, 신세타령하는 친구를 다음과 같은 말로 위로했던 것으로 전해진다.

 "논 퀴비스 호미니 콘틴기트 아디레 코린툼(누구나 다 코린토스로 갈 수 있는 것은 아니잖겠어)."

 '살다 보면 그럴 수도 있는 거지 뭐', 이런 뜻으로 하는 말이다.

빛의 도시 코린토스
아크로코린토스 바위산에서 내려다본 코린토스. 사진 중앙에 고대 도시 코린토스와 아폴론 신전이 보인다. 현대 도시 코린토스 너머로 보이는 바다는 코린토스만이다.

    고대 도시 코린토스 뒤로는 험악한 바위산이 버티고 서 있다. 바로 '아크로코린토스(높이 솟은 코린토스)'다. 이 아크로코린토스는 아프로디테의 신전이 있던 곳으로 유명하다. 히에로둘리가 버글거리던 아프로디테 신전이 무엇이겠는가? 거대한 매음굴이다. 잃어버린 반쪽이를 아프로디테 신전에서 찾던 레안드로스의 파멸을 기억할 필요가 있다.

12장
포모나, '때'를 잘 아는군요

GREEK
AND
ROMAN
MYTHOLOGY

포모나와 베르툼누스

 '하마드뤼아스'는 나무의 요정들을 싸잡아 일컫는 이름이다. '하마 hama'는 '함께한다'는 뜻, '드뤼아스 dryas'는 '나무'를 뜻하는 그리스 말이다. 영어 '트리 tree'의 조상에 해당한다. '포모나'는 '사과' 혹은 '과일'을 뜻하는 라틴어다.

 포모나는 하마드뤼아스 요정 중의 하나로, 과수원을 사랑하고 과일나무를 손질한다. 이런 일이라면 이 포모나를 따를 만한 이가 이 세상에는 없다. 포모나에게는 숲이나 강에 대한 관심은 거의 없다. 오직 사과가 열리는, 손질이 잘된 과수원 땅과 그 나무만을 사랑할 뿐이다. 그래서 포모나는 오른손에 늘 무기를 하나 들고 다닌다. 무기라고 해서 투창 같은 것은 아니고 바로 가지 치는 칼이다. 포모나는 이 칼로 어떨 때는 웃자란 가지, 옆으로 꼴사납게 비어져 나온 가지를 쳤고 또 어떨 때는 가지를 찢고 거기에 다른 가지를 접목해 전혀 다른 열매가 열리게 하는 일로 늘 분주하다.

 포모나는 또 애지중지하는 이 나무들이 지나친 햇볕에 타지나 않

포모나의 치마
풍요의 여신이자 과실의 여신이기도 한 포모나. 2세기 대리석상.

을까 마음을 써서 뿌리 근처에까지 물길을 터주어 목마른 뿌리가 그 물을 마실 수 있게 해주기도 한다. 이런 일들은 포모나가 무척 좋아하는 일이어서 온 정열을 다 쏟아도 아깝지 않은 일이었다.

그러자니 아프로디테의 일(연애)에는 자연 무관심해질 수밖에 없었다. 포모나는 그 과수원 땅을 너무 아낀 나머지, 연애는커녕 혹 남자들이 침입할까 봐 늘 과수원 입구에 자물쇠를 채워두기까지 했다. 파우누스(들의 신)와 사튀로스(숲의 신, 반인반수) 들은 포모나 하나만 차지할 수 있다면 가진 것을 누구에게 다 주어도 아깝지 않을 것으로 여겼다. 솔잎 관을 쓴 판도 이들과 다르지 않았다. 그러나 포모나를 가장 사랑한 이는 베르툼누스였다. 그러나 말이 그렇다는 것이지

이 베르툼누스가 다른 신들을 이기고 사랑에 승리할 수 있었다는 것은 아니다.

아, 베르툼누스가 추수하는 농부로 둔갑해서는 곡식 바구니를 짊어지고 포모나를 찾아가 농부 흉내를 낸 것만 무릇 몇 번이던가! 마른 곡식 대궁이로 머리를 질끈 동여맨 베르툼누스의 모습은 영락없이 곡식을 나르다 온 농부의 모습 그대로였다. 때로는 소 쫓는 작대기를 손에 들고 나타나기도 했는데, 이때의 모습 역시 방금 지친 소의 멍에를 풀어주고 달려온 목동의 모습 그대로였다. 가지 치는 가위를 들고 과수원지기 흉내를 내는가 하면, 사다리를 둘러메고 능금 따러 가는 농부 흉내를 내기도 했고, 군대에서 갓 제대한 사람처럼 포모나 앞을 어슬렁어슬렁 왔다 갔다 하는가 하면, 낚싯대를 둘러메

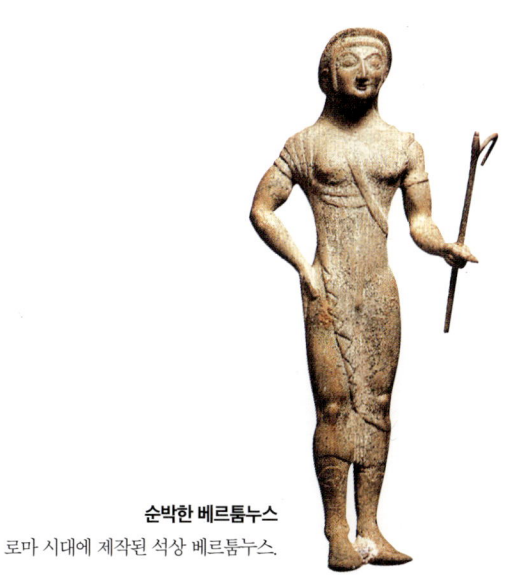

순박한 베르툼누스
로마 시대에 제작된 석상 베르툼누스.

고 고기 잡으러 가는 낚시꾼 흉내를 내기도 했다.

　말하자면 이런 식으로 포모나에게 접근하고는 먼발치에서나 그 모습을 보는 것으로 위로를 삼았다.

　어느 날의 일이다. 베르툼누스는 노파로 둔갑해서는 반백 머리에 모자를 푹 눌러쓰고 지팡이를 든 채 포모나 앞에 나타났다. 노파는 과수원에 들어가자마자,

"과연 아름답습니다, 아가씨"

어쩌고 하면서 포모나에게 입을 맞추는데, 그 입맞춤이 도무지 노파가 하는 짓으로는 어울리지 않게 뜨거웠다. 노파는 과수원 둑에 앉아, 과일이 흐드러지게 열린 과일나무 가지를 올려다보았다. 가지는 노파의 머리 바로 위에까지 축 늘어져 있었다. 거기에서 좀 떨어진 곳에는 느릅나무가 한 그루 있었는데 그 느릅나무 가지에는 포도가 잔뜩 열린 포도덩굴이 뒤엉켜 있었다. 노파는 이 느릅나무와 포도덩굴을 또 한 차례 칭송하고는 말을 이었다.

"……좋고말고요. 하지만 포도덩굴이 엉켜 있지 않고 저 느릅나무 한 그루만 우뚝 서 있다면, 징그럽게 많은 잎사귀가 있을 뿐 도대체 우리에게 주는 게 뭐 있겠어요? 그리고 포도덩굴 또한 마찬가지지요. 저 훌륭한 느릅나무로 기어오르지 못했다면 땅 위나 기었지 제가 별 수 있나요? 어때요, 아가씨? 저 나무와 포도덩굴이 우리에게 무슨 교훈을 베풀고 있는 것 같지 않아요? 아가씨도 배우셔서 저렇게 누구와 짝을 지으세요. 그게 좋을 거예요.

헬레네도 아가씨만 한 인기는 못 누렸을 터이고, 머리 잘 쓰는 것으로 이름난 오뒤쎄우스의 아내 페넬로페도 아가씨만큼 많은 구혼자는 거느려보지 못했을 거예요. 아가씨는 고개를 절레절레 흔들어도 모두들 아가씨를 차지하려고 머리를 싸고 설친답니다. 전원의 신들이 그렇고, 이 근처 산에 사는 모든 신이 다 그렇지요.

아가씨께서 조심성 있고 좋은 인연을 맺고 싶은 의향이 있으시면 이 늙은이의 말을 들으셔서 다른 자들은 다 마다하시고 제가 천거드리는 베르툼누스를 고르세요. 왜긴 왜겠어요? 베르툼누스가 죽자 살자 하고 아가씨를 사랑하니까 그렇지요. 베르툼누스에 대해서라면 이 노파가 본인 못지않게 잘 압니다. 그 양반은 떠돌이 신들과는 달

인간 세계에서 가장 아름다운 여성 헬레네
트로이아의 헬레네. 아프로디테는 헬레네가 인간계에서 가장 아름답다고 판단했다.

구혼자들에게 시달리는 페넬로페
헬레네와 페넬로페는 사촌간이다. 존 윌리엄 워터하우스의 그림.

라서 바로 이 산에 번듯한 집도 가지고 있답니다. 그리고 사랑에 빠진 요새 것들과는 달라요. 여자라면 보는 족족 반해버리는 그런 위인도 아니랍니다. 이 베르툼누스는 아가씨를, 오직 아가씨만을 사랑하고 있어요.

나이도 적당하니 젊고, 잘생기고, 마음먹은 대로 둔갑할 수 있는 기술도 익히고 있지요. 그러니까 아가씨가 명령만 내리면 무엇으로든 척척 둔갑할 수 있는 거예요. 게다가 취미가 또 아가씨 취미와 똑같아서 과수원 일을 즐기고, 능금나무 손질하는 솜씨도 대단합니다.

하지만 지금 저쪽이 관심을 갖는 것은 과일도 아니고, 꽃도 아니고, 다른 뭣도 아니고, 오직 아가씨뿐이랍니다.

 제발 그 양반을 가엾게 여기시어 제 입을 빌려 그 양반이 아가씨에게 말씀을 드리고 있는 것이라 생각해주세요. 너무 매정하게 그러시면 신들의 노여움을 사신다는 것도 잊지 마세요. 아프로디테 여신께서 무정한 이를 얼마나 미워하는지 아시지요? 아가씨께서 너무 매정하게 그러셨다는 걸 아시면 조만간 그 허물의 값을 물리실지도 몰라요. 제가 드리는 말씀이 거짓이 아니라는 증거로 퀴프로스섬에서 실제로 있었던 이야기 한 토막 해 올리지요. 이 이야기를 들으시고

"베르툼누스를 선택하세요"
노파로 둔갑해 포모나를 꾀는 베르툼누스. 18세기 프랑스 화가 프랑수아 부셰의 작품.

아가씨 마음이 누그러진다면 이 아니 좋겠습니까?

이피스라는 가난한 집 총각이 있는데, 어느 날 이 총각이 데우크로스 집안의 딸인 아낙사레테 처녀를 보고는 그만 한눈에 반해버렸더랍니다. 이피스는 오래 짝사랑으로 애를 태우다 그래서는 되는 일이 없겠다는 걸 깨닫고 애원이라도 해보아야겠다는 생각으로 이 처녀의 집을 찾아갔더랍니다.

처음 이 청년이 만난 사람은 처녀의 유모였더래요. 이피스는 유모를 붙들고, 이래저래서 왔으니까 힘을 좀 빌려주십사고 부탁했더라지요. 그러다 안 되니까 하인들을 구워삶으려고 애를 써보기도 했죠. 사랑의 맹세를 줄줄이 엮어 편지를 써 보내기가 몇 번이며, 눈물 젖은 꽃다발을 그 집 문 앞에 걸어둔 것이 몇 번인지 헤아릴 수가 없었답니다. 현관 앞에 몸을 던지고 벗겨질 줄 모르는 대문 빗장을 원망도 해보았겠지요.

그런데도 처녀 쪽은 동짓달 질풍에 놀아나는 파도보다도 무정했고, 마음은 게르마니아 무쇠 대장간 강철보다, 아직도 벼랑에 붙어 있는 바위보다 더 단단했다지요. 그저 무정하고 단단하기만 했대도 좋게요? 때로는 몹쓸 말로 욕보이고, 무시하고, 조롱하기만 할 뿐 도무지 틈을 보이지 않았더랍니다.

이피스는 아무 희망이 없는 이 사랑의 괴로움을 도저히 더 견딜 수 없어 처녀 집 대문 앞에서 이렇게 막말을 했답니다.

'아낙사레테여, 그대가 이겼으니 이제는 내 터무니없는 소원에 귀를 기울일 필요가 없소. 오직 그대의 승리나 기뻐하시오. 승리의 노래를 부르시오, 머리에 월계관을 쓰시오, 드디어 그대가 승리를 얻었습니다. 나는 죽습니다. 철석같은 마음이여, 이제 마음껏 기뻐하시오. 나는 죽음으로써 그대를 만족시키고, 이로써 단 한 번이라도 그대가 나를 찬양하게 만들고 말 것이요. 그대를 향한 내 사랑이 내 목숨보다는 먼저 식지 않는 것임을 증명해 보일 것이요. 내가 죽었다는 소식이 그대에게 풍문으로 들리게 하지는 않으리다. 그래서 여기 이렇게 와 있소. 내 모습을 그대에게 보이고, 내가 죽는 광경으로 그대 눈을 즐겁게 해주려오. 그러나 신들이여, 인간의 슬픔을 내려다보시는 신들이시여, 저의 운명을 낱낱이 굽어살피소서. 오직 한 가지 소원만 드리오니, 바라건대 후대에 이르기까지 제 이름이 사람들 기억에 남게 하소서. 이제 신들께서 거두어 가실 제 생명을 저의 명성에 더하여주소서.'

이런 말을 남긴 이피스는 그 창백한 얼굴과 비탄에 젖은 눈을 들어 처녀의 집을 올려다보며 대문 기둥에다, 청년이 지금까지 여러 번 꽃다발을 걸었던 그 대문 기둥에 올가미진 줄을 매달아 목을 밀어 넣고 중얼거렸더랍니다.

'적어도 이 꽃다발만은 그대 마음에 들 것이오, 무정한 처녀여!'

그러고는 발을 떼니 청년은 목이 부러진 채 허공중에 대롱거리더랍니다. 대롱거리던 청년의 몸이 문을 미니, 문에서 비명과 비슷한 소리가 났지요. 그 소리를 들은 하인들이 달려 나와 문을 열고는 청년의 시체를 보았겠지요. 가엾다 불쌍하다고들 혀를 차면서 하인들은 이 시신을 수습하여 청년의 어머니에게로 운반했습니다. 아버지는 세상을 뜬 지 오래여서 집에는 어머니밖에 없었다지요. 어머니는 하인들로부터 받은, 이제는 식어버린 아들을 끌어안고 울었겠지요. 그 어머니의 입에서는, 아들을 사별한 이 세상 모든 어머니의 슬픔이 말이 되어 나왔을 테지요.

슬픈 장례 행렬은 거리를 지났습니다. 창백한 시신을 상여에 올려 화장장으로 운반하는 행렬이었습니다. 아낙사레테의 집이 마침 그 거리에 있었으니, 장례식에 모인 사람들의 애곡 소리가 그 처녀의 귀에도 들어갔을 테지요. 복수의 여신이 그 값을 물리려고 점을 찍은 바로 처녀의 귀에.

"슬픈 장례 행렬인 모양인데, 구경이나 하자."

처녀는 이렇게 말하며 창문 곁으로 가 거리를 지나는 장례 행렬을 내려다보았더랍니다. 그런데 처녀의 눈이 상여 위에 누운 이피스의 시신에 멎는 바로 그 순간 처녀의 눈은 딱딱하게 굳었고, 몸속을 흐르던 따뜻한 피는 싸늘하게 식었더랍니다. 놀란 처녀는 뒤로 물러서려 했겠지만 발이 움직이지 않는 데야 별수가 없었을 테지요. 얼굴을 돌리려 했지만 그것마저 여의치가 못했더랍니다. 처녀의 온몸은 그 마음처럼 단단하게 굳어 돌이 되었다지요.

이 이야기를 안 믿는 분이 있을까요? 아직도 그 석상이 남아 있는데도요? 살라미스에 있는 아프로디테 신전에 가면 이 처녀가 굳은 석상이 있답니다. 그러니 아가씨께서도 이 이야기에 유념하시어 부디 남을 업신여기거나 주저하는 마음을 버리시고 아가씨를 사랑하는 자의 말을 귀담아들으세요. 그렇게 하시면 봄 서리가 아가씨의

풋과일을 시들게 하는 일도 없을 터이고, 심술궂은 바람이 아가씨의 꽃잎을 흩날리게 하는 일도 없을 것입니다."

베르툼누스는 이 말끝에 노파의 변장을 풀고 원래 모습인 헌헌장부로서 포모나 앞에 우뚝 섰다. 포모나가 보기에 그의 모습은 구름을 젖히고 나온 빛나는 태양의 모습을 방불케 했다. 베르툼누스는 다시 한번 사랑을 애원할 생각이었으나 그럴 필요가 없었다. 그의 뛰어난 말재주와 빼어난 용모가 벌써 승리를 차지해버린 뒤였기 때

본색을 드러내는 베르툼누스
프랑스 조각가 장 밥티스트 르무안의 〈베르툼누스와 포모나〉. 베르툼누스와 포모나가 18세기 유럽 귀족들의 헤어스타일을 한 것이 인상적이다. 파리 루브르 박물관.

문이었다. 요정 포모나는 더 이상 저항하지 않았다. 사랑의 불길을 나누어 가졌으니 그럴 필요도 없었다.

그저 그렇고 그런 사랑 이야기가 아니다. 신화라는 것이 다 그렇듯이 이 이야기도 의미심장한 메시지를 담고 있다. 처녀의 이름 '포모나'는 '과실', '베르툼누스'는 '계절의 변화'다. 과실(포모나)은 때가 있다. 계절의 변화(베르툼누스)를 알지 못하면 과실은 농익다 못해 썩는다. 베르툼누스가 노파로 변장하고 온 까닭이 여기에 있다.

포모나 같은 처녀, 베르툼누스 같은 총각은 좋겠다.
힘써 사랑할 일이다. 사랑할 날이 많이 남아 있지 않으니.

나오는 말
달리지 않으면 넘어진다

나는 『이윤기의 그리스 로마 신화』 제1권 '들어가는 말'의 말미에 이렇게 쓴 것을 기억하고 있다.

"……독자는 지금 신화라는 이름의 자전거 타기를 배우고 있다고 생각하라. 일단 자전거에 올라 페달을 밟기 바란다. 필자가 뒤에서 짐받이를 잡고 따라가겠다."

'나오는 말'의 말미에는 이렇게 썼다.

"…… 독자는 지금 신화라는 이름의 자전거를 배우고 있다고 생각하라. 처음에는 필자가 짐받이를 잡고 따라갔다. 뒤를 돌아다보지 말고 그냥 달리기 바란다. 필자는 짐받이를 놓은 지 오래다. 독자는 혼자서 이미 먼 길을 달려온 것이다."

그러나 자전거 배우기에서 모두 '단칼에' 성공하는 것은 아닌 모양이다. 달리지 않으면 넘어지는 것, 그것이 자전거다.

1960년대, 시인 송욱 교수께서, 당시로서는 아무나 하기 어렵던 프랑스 파리 여행을 마치고 돌아왔을 때의 일이다. 외국 여행이 언감생심이었던 제자들이 궁금해서, 선생님, 파리는 어떤 도시였어요, 하고 물었더니 송욱 교수께서, 파리의 건물이라는 건물은 다 우리나라 중앙청 같다고 생각하면 된다, 이러셨단다. 번역가로 유명한 김화영 교수(고려대학교)에게서 들은 이야기다. 나는 이 이야기를 듣고 처음에는 웃었다. 하지만 웃음 끝이 서글펐다. 견줄 것이 얼마나 없었으면 파리를 중앙청에 견주었을까 싶어서였다. 하지만 지금의 우리 서울에는, 1960년대의 파리를 설명하는 데 참고 자료로 등장하던 중앙청조차 남아 있지 않다.

송 교수가 프랑스 파리의 건물을 중앙청에 견주고부터 40여 년의 세월이 흘러 21세기가 되었다.

반쪽이 시리즈로 유명한 만화가 최정현 씨에게는 '최하예린'이라는 딸이 있다. '하'늘이 내'린' '예'쁜 딸이라는 뜻이란다. 하예린은 만화에 자주 등장해서 굉장히 유명해진 초등학교 5학년생이다. 초등학생인데도 그리스 로마 신화를 열심히 읽으면서 벌써 장편 만화를 습작하는 하예린이 지난 여름 아버지와 함께 파리를 한 달 동안 여행하고 돌아왔다. 만화가 최정현 씨가 내게 이런 말을 했다.

"파리에서 건축물, 대리석상, 명화를 볼 때마다 하예린이 저에게 신화적인 배경을 설명을 하는데, 정말 놀랐어요. 수다도 그런 '왕수다'가 없었죠. 서울대학교 미술대학에서 서양 미술사를 배운 제가 정신이 다 없었다니까요."

신화를 아는 하예린에게 파리의 건축물이나 석상이나 명화는 엄청 수다스럽게 굴었을 것이다. 신화를 알면 파리의 예술품들은 파리 시민들보다 더 수다스러워진다. 하예린도 수다스러워지는 것은 당연하다. 하예린은 지금 자전거 타기는 물론이고 신화 읽기에도 선수가 되어 있다. 벌써 오래전부터 달리고 있는 것이다.

지난여름 예술의전당에서 열린 '그리스 로마 신화전'에서 나는 충격을 받고 말았다. 어린이들이 부모에게(그 반대가 아니라) 신화를 설명하는 상황을 어떻게 설명할 것인가? 한 어린이는 부모에게 말했다.

"이 신은 활을 들고 있으니까 아폴론, 이 여신은 투구를 쓰고 있으니까 아테나 여신, 이 남자는 사자 가죽을 쓰고 있으니까 헤라클레스……"

활, 투구, 사자 가죽…… 소지한 신이나 인간의 정체를 설명하는 이런 것들을 미술사에서는 '어트리뷰트(부속물)'라고 한다. 어트리뷰트로써 소지자의 정체를 짐작한다는 것은 벌써 상징을 이해하고 있음을 뜻한다. 삶의 아득한 비밀에 접근하고 있음을 뜻한다.

나는 신화는 어릴 때 읽는 것이 좋다고 생각한다. 무수한 신화책을 읽고 어린이들의 머리가 매우 혼란해지는 사태가 가장 이상적이라고 나는 생각한다. 어린이들이 스스로 마련한 카오스(혼란)에서 저희 나름의 코스모스(질서)를 길어 올리는 순서…… 나는 이것을 '창조적 신화 읽기' 순서라고 부른다.

나와 함께 신화라는 이름의 자전거 타기에 나선 독자들이 나날이 늘어가는 모양이다. 이 말 한마디를 들려주고 싶다. 자전거를 갓 배운 독자에게는 물론 자전거 타기의 선수에게도 해당된다.

"달리지 않으면 넘어져요."

찾아보기

ㄱ

고주몽 40, 82
그라디보스 241
기간테스 17

ㄴ

나르키쏘스 181, 262, 263, 264, 265, 266, 267, 268, 269, 271, 272, 273, 274, 275, 277, 278, 279, 294
낙랑공주 87, 88
낙소스섬 74, 75
네메시스 269, 270, 280
네메아 167, 287
니노스 320, 321

ㄷ

다나에 19, 21
다르다넬스해협 329, 332
다이달로스 60, 62, 63, 64, 65, 69, 70, 73, 75, 77, 304
데메테르 23, 144, 178, 288
데우칼리온 26, 27
델포이 156, 157, 158, 162, 163, 164, 165, 166, 167, 168, 169, 172, 173, 178, 179, 180, 181, 184, 188, 192, 193, 217, 227, 229, 230, 235, 285
드뤼아데스 245
드뤼오프스 51, 52
디모나싸 144, 145
디오뉘소스 75, 76, 109, 110, 254, 255, 256, 271, 287, 333

ㄹ

라브다코스 155
라이오스 155, 156, 157, 158, 159, 161,
　　　　168, 169, 176, 178, 180, 182,
　　　　183, 184, 188, 190, 191, 192,
　　　　193, 194, 195, 196, 199, 294
람노스 269, 270
레다 19
레스보스섬 144, 145, 146, 147, 148
레아 100, 101
레아이아나 143, 144, 145
레안드로스 326, 329, 330, 331, 332, 335
레우카디아 148
레우키포스 291
레토 291
렐레게스 110, 111
로도페산 255
롯 120, 121
루키아노스 143
뤼디아 285
뤼코메데스 289, 290, 292, 293
뤼코스 155
뤼키아 168
리리오페 263
리처드 아머 241
리크도스 298, 302

ㅁ

마에나드 110
마이안드로스강 97
마케도니아 241
메길라 143, 144, 145
멜로페 161, 162, 165, 188, 189, 190
모압족 120
무사이 146, 149
뮈라 117
뮈케나이 207, 208, 210, 211, 215, 223,
　　　　225
미노스 55, 56, 57, 58, 59, 61, 62, 67, 68,
　　　　69, 70, 75, 96
미노타우로스 67, 68, 69, 70, 71, 72, 73,
　　　　74, 89, 168
밀레토스 96, 97

ㅂ

바빌로니아 316, 317
바이런 332
바카날리아 254
바코스 254, 255
베르툼누스 280, 340, 341, 342, 343,
　　　　344, 345, 349, 350
벨레로폰 168
보이오티아 138, 165
복희 25, 26
부바스티스 300

뷔블리스 97, 98, 102, 103, 104, 105, 106, 109, 110, 111, 112
브라브로나 226, 227, 228, 230

ㅅ

사튀로스 46, 340
사포 145, 146, 147, 148, 149
살라미스 348
세이레네스 170, 175
셰익스피어 312, 315, 316, 319, 325
소크라테스 14, 139, 140, 163
소포클레스 154, 179, 207, 215, 220
쉬링크스 46, 47, 48
쉼플레가데스 175
스뮈르나 114, 115, 116, 117
스퀴티아 221
스퀴티아병 283
스튁스 260
스튁스강 278
스파르타 145, 207
스핑크스 168, 169, 170, 171, 172, 173, 174, 175, 176, 179, 180, 181, 183, 184, 185, 186, 194
실렌사 300

ㅇ

아가멤논 113, 207, 208, 209, 210, 211, 212, 213, 214, 215, 220, 222, 223, 224, 234, 288
아낙사레테 346, 348
아누비스 300, 301
아도니스 117, 120, 121, 122, 123
아레스 121, 123, 241, 242
아르고스 43, 44, 45, 46, 48, 49, 50, 51, 292
아르테미스 19, 22, 47, 90, 91, 93, 208, 209, 210, 211, 222, 223, 226, 227, 228, 229, 232, 233, 234, 235, 314, 315
아리스토파네스 14, 18, 21, 32, 132, 140
아리아드네 55, 59, 73, 74, 75, 76, 89, 91, 92
아마존 89, 90, 285, 313, 314, 315
아비도스 329, 332
아울리스 207, 210
아이게우스 84, 158, 287, 315
아이기스토스 211, 214, 216, 220
아이스퀼로스 207, 214
아이아스 213
아이올로스 100
아이트라 84, 85, 158
아이티오페이아 168, 169
아크로코린토스 334, 335
아킬레우스 210, 283, 289, 290, 291, 292, 293
아테나 60, 63, 64, 226, 287, 288, 296, 353
아테나이 63, 69, 70, 74, 82, 84, 139,

158, 163, 168, 241, 242, 243,
244, 246, 270, 287, 288, 296,
313, 333
아티카 167, 198
아폴론 16, 96, 111, 127, 128, 133, 134,
135, 136, 137, 138, 148, 149,
156, 157, 162, 163, 164, 166,
178, 179, 180, 181, 183, 188,
189, 195, 212, 227, 229, 232,
247, 271, 285, 294, 335, 353
아프로디테 15, 91, 93, 99, 113, 114,
115, 116, 117, 119, 121, 122,
123, 145, 244, 285, 291, 307,
315, 329, 333, 334, 335, 340,
343, 345, 348
아피스 300
안드로귀노스 15
안티고네 197, 198, 199
안티오페 19, 22, 89, 90, 314
알카이오스 147
알키비아데스 139, 140
암몬족 120
암피온 155
에로스 13, 44, 48, 57, 91, 95, 99, 104,
114, 122, 140, 200, 244
에리뉘에스 177, 178, 198, 221, 242,
260, 270
에오스 307, 320, 321
에우로페 55, 56, 57, 58
에우뤼디케 129, 130
에우리피데스 207

에일레이튀이아 30, 301
에코 264, 265, 266, 267, 268, 269, 277,
278, 279
엘렉트라 154, 205, 206, 207, 211, 215,
216, 217, 218, 219, 220, 222,
223, 226
여와 25, 26
오뒤쎄우스 290, 294, 343
오레스테스 207, 211, 215, 216, 217,
218, 219, 220, 221, 222, 223
오르페우스 129, 130, 131, 254, 255, 316
오시리스 299, 300
오싸산 16, 17
오이디푸스 154, 158, 160, 161, 162,
163, 164, 165, 166, 167, 168,
171, 172, 173, 174, 175, 176,
178, 179, 181, 184, 185, 186,
187, 188, 189, 190, 191, 192,
193, 194, 196, 197, 198, 199,
200, 201, 206, 294
오이칼리아 285
오케아노스 58, 100, 101, 102
오트뤼오네오스 212
올륌포스 17, 19, 39, 41, 43, 52, 100, 243
올륌피아 226, 230
옴팔레 283, 284, 285, 286, 287
옴팔로스 156, 229, 285
우라노스 18, 20
유리 81, 82, 83, 84, 86, 87, 89
이나코스 40, 299
이나코스강 39, 42

이시스 299, 300, 305, 306, 307
이아손 202
이안테 302, 303, 304, 305, 307
이오 40, 42, 43, 44, 46, 49, 50, 55, 299, 300, 301
이오카스테 156, 158, 159, 161, 168, 170, 176, 188, 189, 190, 191, 195, 196, 197
이자나기 23, 24, 130, 131
이자나미 23, 24, 130
이카로스 70, 73, 75
이튀스 243, 257, 258, 259, 260
이피게네이아 207, 210, 211, 213, 214, 223, 226, 233, 234, 235, 236
이피스 297, 302, 303, 304, 305, 307, 346, 347, 348
이피토스 285

ㅈ

제우스 16, 17, 19, 20, 21, 22, 23, 29, 33, 39, 40, 41, 42, 43, 44, 49, 50, 51, 55, 56, 58, 61, 100, 127, 129, 155, 222, 227, 229, 232, 233, 265, 294, 295, 296, 299
제퓌로스 111, 137

ㅊ

최리 87, 88

ㅋ

카노포스 138
카드메이아 167
카드모스 167, 179
카리테스 242, 243
카베소스 212
카싼드라 212, 213, 215
카우노스 97, 98, 99, 106, 108, 109, 114
칼리스토 19, 22, 52
칼카스 207, 208, 209
케토스 167
케피소스강 263, 279, 287
켄크레이스 113
코로이보스 212
코린토스 144, 160, 161, 162, 165, 166, 168, 186, 187, 188, 189, 190, 191, 192, 193, 194, 333, 334, 335
콜로노스 198, 199, 201
퀴크노스 137, 138
퀴파리소스 127, 138
퀴프로스 113, 115, 291, 345
크노쏘스 61, 62, 298
크레온 168, 170, 178, 179, 180
크레타 55, 56, 62, 64, 69, 70, 89, 92, 96,

168, 298, 304
크로노스 18, 20, 100, 101
크뤼소테미스 220
크뤼시포스 155, 168
클레안테스 140
클로나리온 143, 144, 145
클뤼타이메스트라 211, 213, 214, 215, 220, 222, 223
키뉘라스 113, 114, 115, 116
키마이라 168
키츠 330
키타이론산 158, 159, 161, 163, 185, 190, 191, 194

ㅌ

타나토스 13, 200
타우리스 211, 221, 222, 223
탄탈로스 305
탈레스 96, 163
테레우스 239, 242, 243, 244, 245, 246, 248, 249, 250, 251, 252, 256, 257, 258, 259, 260
테바이 155, 157, 160, 161, 165, 167, 168, 169, 170, 171, 172, 176, 177, 178, 179, 180, 181, 182, 183, 184, 185, 186, 187, 189, 190, 191, 192, 193, 194, 197, 198, 294
테세우스 55, 56, 59, 70, 71, 72, 73, 74, 75, 82, 84, 85, 86, 87, 89, 90, 91, 92, 93, 158, 168, 202, 283, 287, 288, 291, 292, 313, 314, 315
테이레시아스 180, 181, 182, 183, 184, 185, 186, 263, 264, 294, 295, 296, 297
테튀스 100, 101
테티스 289
토머스 불핀치 67, 133, 329
트라키아 241, 242, 244, 245, 248, 254, 255, 316
트로이아 113, 207, 211, 212, 213, 214, 215, 222, 234, 288, 289, 343
트로이젠 91, 92, 93, 158
티륀스 168, 285
티스베 316, 317, 318, 319, 320, 321, 322, 323, 324, 325

ㅍ

파로스섬 271
파르나쏘스 229
파르테논 60
파리스 207, 326
파시파에 58, 59, 60, 61, 62, 64, 65, 66, 67, 69, 70, 73, 74, 76, 89, 91, 92, 304
파에톤 165
파온 53, 148

파우누스 340
파이도필리아 132, 133, 138, 139, 140
파이드라 89, 91, 92, 93, 95
파이스토스 298, 302
판 19, 22, 47, 48, 50, 52, 53, 54, 286, 340
판도라 118, 119
판디온 242, 244, 246, 248, 249, 258
페넬로페 51, 52, 343, 344
페르디코스 60, 63
페르세이스 58
페르세포네 23, 117, 118, 119, 120
펠리온산 16, 17
포모나 280, 339, 340, 341, 342, 345, 349, 350
포세이돈 56, 57, 58, 59, 93, 102, 226, 227
포이보스 137, 247
포키스 165, 211, 215, 216
폴뤼보스 161, 164, 187, 188, 189, 190, 194
퓌라 26, 27, 188
퓌라모스 316, 317, 318, 319, 320, 322, 323, 324
퓌탈로스 287, 288
퓌톤 127
퓌티아 157, 163, 164, 180
퓔라데스 211, 221, 222, 223
프로메테우스 25
프로이트 13, 170, 200, 202, 206
프로크네 242, 243, 245, 246, 247, 249, 250, 251, 252, 253, 255, 256, 257, 258, 259
프로테우스 58
프뤼기아 212
프리아모스 212
프쉬케 118, 119
플라톤 14, 146, 149
플루타르코스 84, 145, 292
피사왕 155
피키온산 169, 171
피테우스 84
필로멜라 243, 244, 245, 246, 247, 248, 249, 250, 251, 252, 253, 255, 256, 258, 260
필리포스 241

ㅎ

하데스 23, 177, 178, 180
하마드뤼아스 339
하백 40, 263
헤라 19, 20, 23, 29, 30, 39, 40, 41, 42, 43, 44, 49, 51, 56, 61, 100, 155, 168, 195, 242, 265, 266, 285, 294, 295, 299, 305, 307
헤라클레스 168, 283, 284, 285, 286, 287, 291, 292, 316, 353
헤로 326, 329, 330, 331, 332, 333
헤로도토스 283
헤르마프로디토스 15, 145, 291

헤르메스 15, 39, 44, 45, 46, 48, 49, 50,
  51, 52, 54, 110, 301
헤타이라 143
헤파이스토스 62
헬라스 161, 197
헬레네 207, 222, 320, 343, 344
헬레스폰토스해협 329
헬리오스 58, 247, 304
호동왕자 87, 88, 89, 94
호루스 299, 306
호메로스 16, 117
휘메나이오스 242, 244, 305, 307
휘브리스티카 292
휘아킨토스 128, 133, 134, 135, 136, 137
히에로둘리 333, 335
히폴뤼토스 89, 90, 91, 92, 93, 94, 95,
  315
힌두스 258

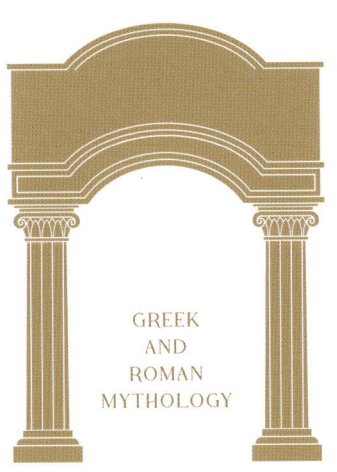

GREEK
AND
ROMAN
MYTHOLOGY

자료 출처

72쪽(위) ⓒ2002-Succession Pablo Picasso-SACK(Korea)
73쪽(왼쪽) ⓒ2002-Succession Pablo Picasso-SACK(Korea)
217쪽(아래) ⓒ송학선
227쪽 ⓒDimipan11(CC BY-SA 4.0)

이윤기의 그리스 로마 신화 2

초판 1쇄 발행 2002년 2월 7일
개정판 1쇄 발행 2024년 10월 30일
개정판 2쇄 발행 2025년 11월 18일

지은이 이윤기

발행인 윤승현 단행본사업본부장 신동해
편집장 정다이 책임편집 김윤하 편집 김종오 최은아
디자인 최희종 마케팅 최혜진 이은미
홍보 반여진 제작 정석훈

브랜드 웅진지식하우스
주소 경기도 파주시 회동길 20
문의전화 031-956-7366(편집) 02-3670-1123(마케팅)
홈페이지 www.wjbooks.co.kr
인스타그램 www.instagram.com/woongjin_readers
페이스북 www.facebook.com/woongjinreaders
블로그 blog.naver.com/wj_booking

발행처 ㈜웅진씽크빅
출판신고 1980년 3월 29일 제406-2007-000046호

ⓒ 이윤기, 2024
ISBN 978-89-01-28988-5 04210
        978-89-01-28986-1 04210 (세트)

• 웅진지식하우스는 ㈜웅진씽크빅 단행본사업본부의 브랜드입니다.
• 책값은 뒤표지에 있습니다.
• 잘못된 책은 구입하신 곳에서 바꾸어 드립니다.

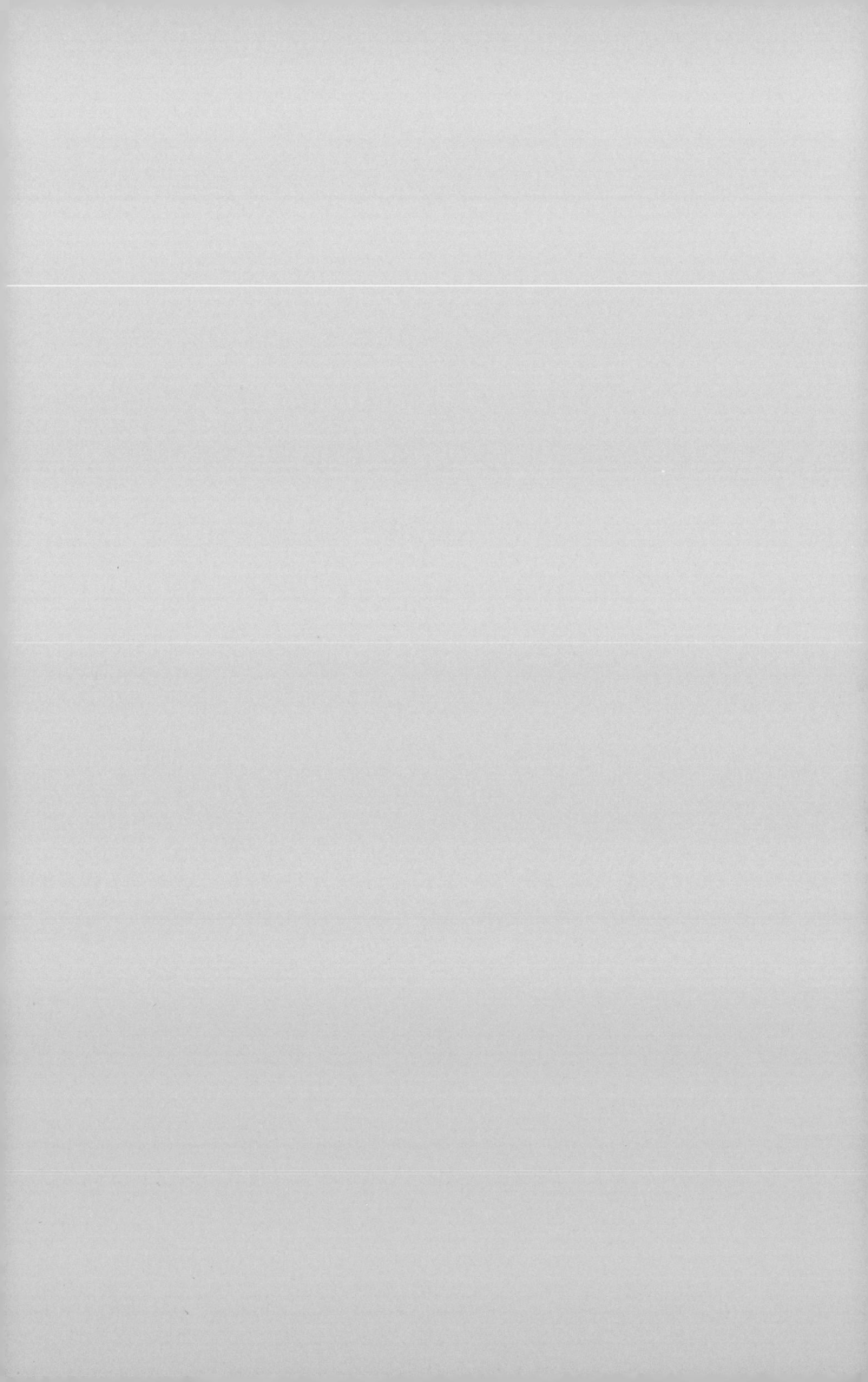